좋은 박물관
위험한 박물관

(개정판)

지은이 | 김기섭

펴낸이 | 최병식

펴낸날 | 2024년 6월 27일(개정판)

펴낸곳 | 주류성출판사

주소 | 서울특별시 서초구 강남대로 435 주류성빌딩 15층

전화 | 02-3481-1024(대표전화) 팩스 | 02-3482-0656

홈페이지 | www.juluesung.co.kr

값 22,000원

잘못된 책은 교환해 드립니다.

ISBN 978-89-6246-536-5 93060

좋은 박물관
위험한 박물관

김기섭 지음

주류성

목차

독자들께 드리는 글

사람들은 나쁜 박물관이 있다고 잘 생각하지 않는다. 그냥 그저 그렇거나 시원찮은 박물관이 있다는 정도로만 생각한다. 그렇지 않다. 세상에는 나쁜 박물관이 꽤 있다. 사람들이 잘못한 일을 숨기고 덧칠하거나 분칠한 박물관, 손톱만 한 공적을 대문짝만하게 만들어준 박물관, 근거 없는 내용으로 사람들의 생각과 마음을 어지럽히는 박물관, 핵심 주제도 메시지도 없이 횡설수설하는 박물관, 독선에 빠져서 사회변화를 무시하는 박물관 등이 그렇다.

규모가 크고 시설 디자인이 화려하면 좋은 박물관, 작고 허름하면 그저 그런 박물관으로 보는 사람들도 있다. 내용보다는 형식으로 사물을 보는 습관에 젖은 사람들이다. 사람이 잘 산다는 게 물질적 풍요만 의미하는 것은 아니듯이 좋은 박물관도 크고 화려한 겉모습으로만 판별하지는 않는다.

　좋은 박물관은 전시·교육 내용이 믿을 만하다. 객관적 사실에 기초해서 학계와 충분히 소통하며 전시를 기획하고 교육프로그램을 개발하기 때문이다. 좋은 박물관은 사회변화에 민감하게 반응하며 앞날을 함께 고민한다. 지역사회와 끊임없이 소통하면서 모두를 위한 길을 찾아내고 만들어 가려고 애쓰기 때문이다. 좋은 박물관에는 다양한 전문가 직원이 많다. 다양한 문화유산과 미래유산을 직접 관리하고 조사·연구하고 전시·교육해야 하기 때문이다.

　그런데 세상에는 좋기만 한 박물관도 나쁘기만 한 박물관도 없다. 전시 의도는 훌륭하지만 전시연출이 잘 뒷받침하지 못하는 박물관이 꽤 있는가 하면, 의도는 형편 없으나 연출기법이 매우 뛰어난 박물관도 더러 있다. 그렇기에 대개의 박물관은 좋은 박물관이면서 그저그렇거나 다소 아쉬운 박물관이고, 일부는 불순한 의도로 사회에 나쁜 영향을 주는 위험한 박물관이다.

　나는 젊어서 공부할 때 국가·사회의 도움을 많이 받았다. 특히 대학원에서 받은 장학금은 모두 국민 세금이었는데, 그때는 그것이 빚인 줄 몰랐으나, 나중에 문득 되돌아보며 상당한 부채의식을 갖게 되었다. 그런데 빚을 어떻게 갚아야 할지 몰라서 공립박물관에서 일하게 되자 잔꾀 부리지 않는 것으로 가름하려 했다. 그러나 공무원 봉급이 어느덧 박봉을 벗어난 시기인지라 봉급을 받을 때마다 오히려 빚이 늘고 있다는 생각도 했다. 그래서 더욱 일을 마다하지 않았다. 지금의 나를 만든 건 사회에 대한 부채의식이다.

나는 국공립대학에서 공부한 사람은 남보다 더 많이 사회문제를 고민해야 한다고 생각한다. 국공립 기관에서 일하는 사람은 더 말할 필요도 없다. 그대가 나라의 세금을 써가며 공부한 그 자리, 일하는 그 자리는 꽃다발을 받으라고 만든 자리가 아니다. 모두를 위한 꽃을 피우라고 온 사회가 만들어준 자리이다. '지금 내가 있는 이 자리에 나보다 더 우수하고 더 성실한 사람이 들어왔더라면….' 공직에서 일하는 사람은 수시로 이런 생각을 할 줄 알아야 한다.

이런 생각으로 글을 썼다. 나는 견문이 적고 글이 거칠어서 뜻을 알맞게 다 펴지 못했으나 현명한 독자들이 행간을 메우고 사회생활에 대입해 보시길 기대한다. 한국사회가 하루바삐 능력주의에서 벗어나 불평등과 갈등을 많이 해소한 문화강국으로

거듭나길 소망한다. 단순히 사업 기반의 유행성 문화강국이 아
니라 인문학 기반이 바위처럼 튼튼하고 문화시민이 행복한 사
회, 문화 천국을 소망한다. 좋은 박물관을 많이 만들고 운영하
는 것이 그 길목이라고 믿는다.

2024년을 맞으며

김기섭

I

선진국에는 왜
박물관이 많을까?

1. 선진국에는 왜 박물관이 많을까?

1) 세계의 박물관 현황

유엔 산하기구인 유네스코UNESCO(United Nations Educational, Scientific and Cultural Organization)의 조사 결과에 따르면, 2022년 초 전세계의 박물관은 총 104,000개 정도이다. 그중 33,082개는 미국에 있다. 무려 33%에 달한다. 두 번째로 박물관이 많은 나라는 독일로서 6,741개이다. 세 번째 일본은 5,738개, 네 번째 중국은 5,535개이다. 한국은 1,102개로서 18위에 해당했다.

조사 당시 미국 인구는 3억3천5백만명이었다. 인구 1만명 당 박물관을 1개씩 세운 셈이다. 당시의 독일 인구는 8천4백만명 이었으니 1만2천명 당 박물관 1개를 세운 셈이다. 이런 식으로 인구와 박물관 수를 대비시키면, 박물관 1개에 프랑스 1만3천 명, 캐나다 1만7천명, 이탈리아 1만8천명, 영국 2만1천명, 일본 2만1천명 꼴이었다. 반면, 인구가 많은 중국은 26만1천명, 브라질은 5만5천명에 해당했다. 대한민국은 박물관 1개 당 4만6천명이었다. 숫자는 저마다 달랐으나 공통점이 드러났다. 선진국일수록 박물관이 많다는 것이다. 인구수 대비 박물관 수를 따져보니 선진국의 대명사처럼 여겨지는 이른바 G7 국가들이 최상위를 차지했다. 특히, 역사가 가장 짧다고 할 수 있는 미국에 역사박물관이 가장 많다는 사실이 자못 흥미롭다.

<국가별 박물관·미술관 수(2022년)>

순위	나라	박물관·미술관	인구 (백만명)	1관당 인구 (만명)	관람객 (2018)
1	미국	33,082	335	1.0	메트로폴리탄미술관(뉴욕) 736만명 국립항공우주박물관(워싱턴DC) 620만명 미국자연사박물관(뉴욕) 500만명 국립자연사박물관(워싱턴DC) 480만명 내셔널 갤러리(워싱턴DC) 440만명
2	독일	6,741	84	1.2	
3	일본	5,738	126	2.1	
4	중국	5,535	1,450	26.1	중국국가박물관(베이징) 861만명 중국과학기술관(베이징) 440만명 저장성박물관(항저우) 420만명 난징박물관(난징) 367만명

5	러시아	5,415	146	2.7	예르미타지박물관(상트페테르부르크) 429만명
6	프랑스	4,811	66	1.3	루브르박물관(파리) 1,020만명
7	브라질	3,906	215	5.5	
8	이탈리아	3,195	60	1.8	바티칸박물관(로마 바티칸시티) 676만명
9	영국	3,183	69	2.1	대영박물관(런던) 587만명 테이트모던미술관(런던) 583만명 내셔널 갤러리(런던) 573만명 자연사박물관(런던) 523만명 빅토리아&앨버트박물관(런던) 397만명
10	캐나다	2,245	39	1.7	
…					레이나소피아 미술관(마드리드) 390만명 국립고궁박물원(타이페이) 386만명
18	한국	1,102	51	4.6	국립중앙박물관(서울) 339만명

30-50클럽이라는 말이 있다. 1인당 국민소득 3만 달러 이상, 인구 5천만명 이상인 나라들을 가리키는 용어이다. 전세계에서 이에 해당하는 나라는 2023년 현재 7개뿐이므로, 국가경쟁력이 높은 선진강대국이라는 뜻으로 받아들여진다. 기준을 충족한 일본(1992), 미국(1996), 독일(1996), 영국(2003), 프랑스(2004), 이탈리아(2005) 등 6개국은 모두 G7 회원국이다. G7의 구성원인 캐

나다도 이탈리아와 함께 2005년경 1인당 국민소득 3만 달러를 넘어섰으나 인구가 아직 3천9백만명에 불과해 30-50클럽에는 들지 못하고 있다. 캐나다 대신 대한민국이 30-50클럽에 포함되었다. 2017년 대한민국의 1인당 국민소득이 3만 달러를 넘어섰기 때문이다. 대한민국 인구는 현재 5천1백만명을 조금 웃돈다.

그런데 30-50클럽의 다른 6개국과 비교하면, 7번째 가입국 대한민국의 박물관 수는 낯 뜨거울 정도로 적다. 나머지 6개국 중 꼴찌인 일본·영국의 2만1천명당 1개관에 비해서도 2배 이상 차이 나는 4만6천명당 1개관이라니. 왜 이렇게 차이가 큰 걸까? 아니, 선진 경제 강국에는 왜 이렇게 박물관이 많은 것일까?

2023년 3월경 왜 선진국에는 박물관이 많은지 인공지능컴퓨터chatGPT에게 물어보았다. 챗GPT는 다섯 가지 이유를 들었다. ①역사 유산 보존의 필요성, ②문화 증진 및 교육의 기능, ③관광산업 활성화, ④예술 및 과학기술의 발전, ⑤자긍심 강화 등이다. 선진국은 오랜 역사를 갖고 있기에 박물관을 통해 문화유산을 전시·보존하고 교육한다는 것이다. 그리고 박물관을 통해 예술작품과 과학기술 발전과정을 보여줌으로써 예술 및 과학기술 발전에 이바지하며, 역사 문화를 통해 자기 나라 국민의 자긍심을 강화한다는 것이다.

챗GPT가 언급한 5가지 이유는 유네스코 본부에 사무처를 둔 국제박물관협의회ICOM의 교과서적 정의를 꿰뚫은 매우 영리한 답변이다. 국제박물관협의회는 2022년 8월 체코 프라하에서 열린 제26차 세계박물관대회에서 박물관의 기능을 다음과 같이 정의했다. "박물관은 유무형의 유산을 연구, 수집, 보존, 해석 및 전시하여 사회에 봉사하는 영구적인 비영리 기관이다. 그러므로 대중에게 개방하여 접근하기 쉬워야 하고 포용적이며 다양성과 지속 가능성을 촉진해야 한다. 박물관은 전문적이고 윤리적이며 지역사회와 함께 운영하면서 교육, 즐거움, 성찰 및 지식 공유를 위해 다양한 경험을 제공해야 한다."

<인공지능컴퓨터의 답변_선진국에는 왜 박물관이 많은가?(2023.3.5.)>

KK 선진국에는 왜 박물관이 많은가?

선진국에서는 박물관이 많은 이유는 다양합니다.

1. 역사적인 유산 보존의 필요성: 선진국은 오랜 역사를 가지고 있으며, 그 동안 쌓인 역사적인 유산을 보존하기 위해서 박물관을 많이 운영합니다. 이러한 박물관들은 역사적인 문화유산을 전시하고, 보존하기 위한 다양한 기술과 시설을 갖추고 있습니다.
2. 문화 증진 및 교육의 기능: 박물관은 문화 증진과 교육의 기능을 수행하는 공간입니다. 선진국에서는 박물관을 통해 자국의 역사와 문화를 널리 알리고, 교육적인 목적으로 활용합니다.
3. 관광 산업 활성화: 박물관은 관광 산업의 중요한 요소 중 하나입니다. 선진국에서는 이러한 박물관을 통해 자국의 문화와 역사를 관광객에게 소개하고, 관광 산업을 활성화시킵니다.
4. 예술 및 과학 기술의 발전: 박물관은 예술과 과학 기술의 발전과 관련된 중요한 역할을 합니다. 선진국에서는 박물관을 통해 예술 작품이나 과학 기술의 발전 과정을 보여주고, 이를 통해 예술과 과학 기술 분야를 발전시키는데 기여합니다.
5. 자긍심 강화: 마지막으로, 박물관은 자국의 역사와 문화를 보여주는 장소이기 때문에, 선진국에서는 이러한 박물관을 통해 자국의 자긍심을 강화시키는데 기여합니다.

박물관의 필요성과 역할에 대해 미국박물관협회AAM만큼 자신만만한 구호를 내세운 곳은 없다. '박물관 덕분에 세상이 더 좋아진다.' 그 근거가 매우 다채롭고 구체적이다.

　첫째, 박물관은 국가의 경제 엔진이라는 것이다. 박물관은 미국에서 726,000개 이상의 일자리를 창출하고 매년 500억 달러의 경제효과를 거둔다고 그들은 주장한다. 미국 레저 여행자의 66%가 박물관 방문과 같은 문화 또는 문화유산 활동에 참여하는데, 이들은 다른 레저 여행자보다 평균 60% 정도 돈을 더 많이 소비한다는 것이다. 그래서 결과적으로 박물관의 경제활동은 120억 달러 이상의 세금 수입을 창출하며, 그중 1/3은 지방정부에 돌아간다고 한다. 박물관 및 기타 비영리 문화단체는 중앙정부 또는 지방정부로부터 1달러를 지원받을 때마다 5달러 이상의 세금 수입을 반환하고 있으며, 박물관 부문에서 창출한 일자리는 각각 16,495달러의 추가 세수를 초래하고, 박물관의 모든 직접 일자리는 경제에서 추가 일자리를 지원하는데, 이는 다른 많은 산업에 비해 높은 비율이라고 한다. 이러한 미국박물관협회의 주장에 대해, 실제로 여론조사에서 응답자의 89%는 박물관이 지역사회에 중요한 경제적 혜택을 제공한다고 믿는다고 답했다.

　둘째, 박물관은 지역공동체의 구심점이라는 것이다. 블룸버 그가 미국 최고의 도시를 선정할 때 박물관 밀집도를 교육 지표와 경제 지표보다 우선적으로 고려하고 있으며(문화레저시설[박물관 밀도 포함]>교육지표>경제지표>범죄>대기질...), 잡지 모니Money의 연례 '살기 좋은 곳' 설문조사에는 공인 박물관의 집중도가 포함되어 있다고 한다.

셋째, 박물관은 자원봉사, 온라인 커뮤니티, 교육프로그램, 문화행사 등 다양한 방법으로 사회에 서비스한다는 것이다. 2018년 미국에서는 전문 스포츠 행사에 참석한 사람보다 미술관, 과학센터, 유서 깊은 집이나 장소, 동물원 또는 수족관을 방문한 사람이 더 많았으며, 박물관 웹 사이트는 수백만명의 교사, 학부모 및 학생을 포함한 다양한 온라인 커뮤니티에 서비스하기 때문이다. 미국에서 박물관 자원봉사자들은 매주 백만 시간의 봉사활동을 벌인다고 한다. 그래서인지 박물관을 지원하는 문제에 대해서는 정치 성향과 관계없이 강력해서 자신을 정치적으로 진보라고 생각하는 사람(97%), 온건하다고 여기는 사람(95%), 보수라고 생각하는 사람(93%) 모두 국회의원 및 지방의원의 박물관 지원 활동을 승인하겠다고 답했다. 박물관의 재향군인 및 군인가족을 위한 프로그램 제공, 다양한 종류의 장애인을 위한 맞춤형 교육프로그램, 박물관 입장료 무료 및 각종 할인정책 등도 지역사회에 활기를 불어넣는다고 하였다.

넷째, 박물관이 학교와 협력해 학생들의 학습 성취도를 높인다는 것이다. 미국에서 박물관은 교육 활동에 매년 20억 달러 이상 지출하며, 전형적인 박물관은 교육 예산의 ¾을 초·중등 학생들에게 쓴다고 한다. 박물관은 수학, 과학, 예술, 문해력, 언어예술, 역사, 정치·행정, 경제 및 금융 문해력, 지리 및 사회 과목에서 프로그램을 조정해 50개 주 및 지역 커리큘럼을 가르치는 데 도움을 주고 있다. 협회는 유치원 때 박물관을 방문했던 아이들은 그렇지 않았던 아이들보다 초등학교 3학년 때 읽기, 수학, 과학 성취도 점수가 더 높았으며, 결핍과 성취 지연 위험이 가장 높은 어린이들이 박물관 교육의 혜택을 받는다고 주장하였다.

다섯째, 박물관은 신뢰할 수 있는 기관이라는 것이다. 미국 대중은 박물관을 친구와 가족에 이어서 두 번째로 신뢰할 수 있는 곳으로 여기며, 연구자와 과학자, 일반적인 NGO, 뉴스 미디어 그룹, 정부, 각종 기업, 소셜 미디어 등보다 훨씬 더 신뢰한다고 자부하였다. 미국 대중은 박물관을 책, 교사 또는 친척의 개인 계정보다 더 신뢰할 수 있는 역사 정보 출처로 간주한다고도 하였다. 바로 이러한 점 때문에 박물관에 대한 국민 여론이 매우 우호적인바, 미국인의 97%는 박물관이 지역사회를 위한 교육 자산이라고 생각하며, 89%는 박물관이 지역사회의 중요한 경제적 이익에 이바지한다고 믿는다는 것이다. 그래서 96%의 국민이 박물관에 대한 연방기금을 유지하거나 늘리는 데 찬성했다고 설명한다.

여섯째, 박물관은 생물 종을 보호하는 소통의 장이라는 것이다. 2021년에 미국의 공인 동물원 및 수족관은 117개국의 현장 보존 프로젝트에 209백만 달러를 지출했는데, 보존 육종, 서식지 보존, 공공교육, 현장 보존 및 멸종 위기에 처한 지구상 많은 종을 생존시키기 위해 노력했다고 자평하였다. 그리고 박물관은 인간이 돌보는 동물에 대한 과학 지식을 발전시키고 야생 개체군을 보존시키기 위해 연구하거나 연구 지원활동을 벌인다고 하였다.

마지막으로, 박물관은 공중보건을 향상시킨다는 것이다. 문화자원이 있는 지역사회에 살면 인지 연령에 5년 정도의 이점이 있으며, 인지 건강에 큰 도움을 준다고 미국박물관협회는 강조하였다.

개인의 자유를 중시하는 유럽 중심의 서구사회는 학교에서의 노골적인 이데올로기 교육 대신 사회교육을 통해 공동체의식과 사회구성원의 공감대를 높여서 사회적 갈등을 해소하려 노력해왔다. 경험이 같을수록, 지식을 공유할수록 사람의 생각과 태도가 비슷해진다는 관점에서 박물관을 많이 짓고 운영해왔다. 박물관에서 선조들이 남긴 유물을 보고 그에 담긴 이야기를 들으면서 간접체험하게 되면 사회적 공감대, 특히 세대간 공감대가 넓어진다는 것이다. 다양한 사람들이 박물관에서 전시를 관람하고 교육프로그램에 참여함으로써 인류사회는 경쟁할 때보다 협력할 때 더욱 발전했다는 역사적 경험을 공유하고 있는 것이다. 아는 만큼 보인다는 말이 있다. 자세히 보아야 예쁘고 오래 보아야 사랑스럽다는 시도 있다. 박물관이 그렇다.

2) 박물관 역사

(1) 어원과 유래

박물관博物館은 역사적 유물이나 각종 자료를 조사·수집·보관하고 전시·교육하는 시설을 가리키는 말로서, 영어의 뮤지엄 Museum을 번역한 것이다. 프랑스어 뮤제Musée, 이탈리아어 뮤제오Museo를 번역한 말이기도 하다. 1861년 유럽을 방문한 일본 사절단이 영국의 대영박물관British Museum을 보고 뮤지엄을 박물관으로 처음 번역하였으며, 1872년 일본의 문부성 박물국이 일본 최초의 박람회를 개최할 때 문부성박물관이라고 하여 박물관이라는 이름을 처음 사용한 것으로 알려진다.

뮤지엄은 고대 그리스에서 학문·예술의 신으로 추앙받은 뮤즈Muse를 받드는 신전 뮤제이온Mouseion에서 나온 말이라고 한다. 뮤제이온에서는 해마다 학문·예술적 성과를 뮤즈 여신에게 바치는 의례를 행했으며, 의례에 쓰인 회화·조각 등의 각종 예술품을 여러 창고에 나누어 보관했다.

　기원전 3세기초에는 이집트 왕 프톨레마이오스Ptolemaeos 1세(BCE305~282)가 알렉산드리아의 궁궐 내부 일부 건물에 연구소를 세우고 뮤제이온이라고 불렀다. 그는 주로 과학과 문학 분야 학자들을 초빙해 뮤제이온에서 연구·교육하게 하고 각종 서적과 기기, 조각상 등 다양한 수집품을 모았다. 뒤를 이어 즉위한 프톨레마이오스 2세(BCE285~246)는 뮤제이온을 더욱 확장해서 헬레니즘시대 학문예술의 중심지로 만들었다. 알렉산드리아의 뮤제이온은 도서관, 천문대, 해부실, 동물원, 식물원 등 다양한 시설을 갖추었으며 4세기경까지 수백년간 존속한 것으로 알려지는데, 지금의 박물관·미술관·도서관의 공동 기원에 해당한다. 오늘날 이탈리아와 스페인에서 박물관학이 도서관학과 깊은 연관성을 지니며 상대적으로 학구적인 경향을 나타내는 것도 이러한 전통의 영향일 수 있다.

(2) 서양의 박물관

로마시대에는 귀족·부호들을 중심으로 회화·조각 미술품과 보석·무기 등 진귀한 물건을 수집해서 저택 안 특정 장소에 진열하고 손님들에게 과시하는 문화가 유행하였다. 그러나 로마가 멸망하고 중세에 들어서자 유럽 사람들은 그리스도교의 영향으로 우상숭배에 해당하는 물건을 기피하였다. 다만, 일부 교회와 수도원에서는 연구 목적으로 각종 자료를 수집하였으며, 11세기말부터 13세기까지는 그리스도 교도들의 십자군원정을 통해 약탈한 각종 예술품을 교회·수도원이 보관하다가 공개하기도 하였다.

14~16세기 문예부흥Renaissance기에는 이탈리아 피렌체와 같은 도시공화국의 귀족·부호들이 각종 미술품을 수집해 놓고 학자·예술가들에게 공개하였다. 독일에서는 분더캄머 Wunderkammer(놀라운 보물실)라는 방을 만들어 여러 가지 동·식물 표본과 과학기기 등을 수집해놓고 다른 사람에게 보여주는 문화가 유행하였다.

영국에서는 17세기 말에 엘라스 애쉬몰Elas Ashmole이 트래드스칸트John Tradescant 부자에게서 넘겨받은 수집품과 자신이 수집한 자료들을 모두 옥스퍼드대학에 기증해 박물관을 만들었다. 바로 1683년에 설립된 옥스퍼드대학 부속 애쉬몰리안박물관인데, 영국 최초의 과학박물관이자 세계 최초의 공공박물관이다. 18세기 중엽에는 영국 정부가 한스 스론Hans Sloan의 수집품을 의회 승인을 거쳐 사들인 뒤 1759년 국립박물관The British Museum을 설립하였다.

1851년 영국 정부는 런던의 사우스 켄싱턴South Kensington에서 제1회 만국박람회를 성공적으로 개최하여 막대한 수익금을 거두었다. 이에 영국 정부는 이듬해부터 박람회 출품작을 사들이는 한편 전시하기 위해 박물관을 만들었다. 1852년 제조업박물관Museum of Manufactures을 만들어 여러 가지 상품을 전시했는데, 특히 잘못된 디자인 사례를 모아놓은 일명 '공포의 방'이 유명해졌다. 제조업박물관은 이듬해 장식예술박물관Museum of Decorative Art으로 이름을 바꾸었고, 1857년에는 또 사우스 켄싱턴 박물관으로 개편하고 대중교육을 추구하였다. 그리고 1909년 지금의 빅토리아·앨버트 박물관Victoria and Albert Museum으로 다시 이름을 바꾸었다.

'해가 지지 않는 나라' 영국의 국력을 상징하는 사우스 켄싱턴 박물관은 인도·동남아시아·중국·일본뿐 아니라 비잔티움과 유럽에 이르기까지 영국 세력권에 들었던 전세계의 미술품과 장식품들이 가득한 곳이었다. 몽쿠르 콘웨이Moncure Conway가 1882년에 출간한 저서『사우스 켄싱턴 여행Travels in South Kensington』

이탈리아의 오스티아안티카에 위치한 로마시대 목욕탕유적 | 바닥에 대리석 모자이크가 있으며, 주변의 다른 도시유적들과 어우러진 일종의 야외박물관이다.

에서 세계여행을 하려면 우선 사우스 켄싱턴으로 가라고 할 정도였다.

이후 영국에서는 공예박물관, 과학박물관, 자연사박물관 등 전문박물관들이 속속 설립되었다. 그리하여 영국은 19세기를 '박물관의 시대'라고 부르기도 한다. 1850년대에 12개, 1860년대에 16개, 1880년대에 20개, 1890년대에 35개가 설립될 정도로 박물관 수가 계속 늘어났으며, 특히 내셔널 갤러리National Gallery(1824), 국립초상화박물관National Portrait Gallery(1859), 자연사박물관Natural History Museum(1881) 등 공공박물관들이 많이 만들어졌다. 개인적이고 배타적이며 소유자의 취향과 부유함을 과시하는 데 불과했던 이전 시대의 박물관에서 벗어나 대중과 학생들에게 교육하는 일을 가장 중요한 동력으로 삼으려 한 것이다. 그러나 전시 및 관리 체계가 미흡하여 "잡동사니를 보관하는 장소"라고 박물관을 혹평하는 경우도 있었다.

이에 영국 요크York지역에서는 요크셔철학협회Yorkshire Philosophical Society의 지원 아래 1889년 6월 영국박물관협회 Museums Association를 창설하였는데, 박물관 체계화와 큐레이터 직업의 전문화가 주요 목적이었다. 박물관협회는 1901년부터 『뮤지엄 저널The Museums Journal』을 발간함으로써 다양한 정보를 교환하고 영국의 박물관 정책을 포함해 영제국의 영향력을

영국 대영박물관 ㅣ 영국 런던의 중심부 블룸즈버리지역에 위치하며 로제타스톤, 람세스2
세 흉상, 엘긴 마블(파르테논신전에서 뜯어낸 대리석 조각품), 길가메시 서판, 이스터섬에서
가져온 모아이 조각상, 아즈텍의 쌍두사, 춤추는 시바 신상 등 세계적으로 유명한 전시품이
많다.

전세계로 널리 확산시켰다. 『뮤지엄 저널』 1902년 11월호에 따
르면, 당시 거의 모든 지역에서 초등학교 학생들이 정기적으로
박물관을 방문하였고, 박물관은 특정 주제에 대한 짧은 강의를
학생들에게 제공했다고 한다.

　프랑스에서는 왕실이 수집한 물건 일부를 룩상부르 궁전에서

영국 빅토리아·앨버트박물관 | 영국 런던의 크롬웰 가든스 거리에 위치하며 빅토리아여왕
과 남편 앨버트공이 세운 장식예술 디자인 박물관이다. 조각, 건축, 회화, 도자기, 금속공예,
가구, 보석, 의복 등을 양식별로 전시하고 있다.

잠시 공개하는 행사가 종종 있었는데, 1789년 프랑스혁명이 일
어난 뒤에는 국립미술관Musée du Louvre을 설립해서 왕실 수집
품을 일반인에게 공개하였다. 이로써 국가 및 공공단체가 설립·
운영하는 박물관이 예술품을 공공화하고 대중을 위한 공공 프
로그램을 개발하게 되었으며, 소장품 보존 문제가 사회적인 과

프랑스 루브르박물관 ㅣ 프랑스 파리에 위치하며 궁전을 개조한 박물관이다. 메소포타미아·이집트의 고대 유물, 그리스·로마 조각상, 중세~르네상스의 장식 미술품, 레오나르도 다빈치의 모나리자, 루벤스의 메디시스 일대기 등이 유명하다.

제로 인식되기 시작하였다.

19세기에 프랑스에서 박물관은 국가 선진 문화정책의 산물로 인식되었다. 이에 따라 프랑스 정부는 1848년 국립루브르박물관을 재단장해 문화정책의 한 축으로 삼았으며, 베르사이유궁을 프랑스 역사박물관Musée de d'Histoire de France, 생제르망

엉 레 성을 국립고고학박물관Musée des Antiquités nationales으로 각각 바꾸었다. 그리고 1863년에 장식예술관Union centrale Arts décoratifs을 만들었다. 그러나 박물관들의 전시품은 아직 위압적인 분위기를 벗지 못했기에 효용가치가 적은 고물 창고라는 비판을 자주 들었다. 새로운 분위기를 맞이한 것은 미술계에 인상주의라는 새로운 사조가 등장한 19세기 말이었으며, 뒤이어 야수파·입체파 등의 추상화가 유행하면서 20세기에는 박물관에서 현대미술의 영향력이 매우 커졌다.

미국에서는 1773년 1월 미국 최초의 박물관인 찰스턴박물관 Charleston Museum이 사우스 캐롤라이나주에서 개관했는데, 시민들이 소장한 자연사 관련 자료를 수년간 모은 뒤 개관한 공립박물관이다. 이후 각지에 주립대학들을 설립할 때 박물관도 함께 만들었다. 1805년에는 미국 최초의 미술관인 펜실베이니아 미술아카데미The Pennsylvania Academy of Fine Arts가 문을 열었고, 1846년에는 영국인 과학자 제임스 스미슨James Smithson의 기부금으로 만든 스미소니언 협회Smithsonian Institution가 수도 워싱턴에서 창립되었다. 스미소니언협회는 이후 다양한 연구소와 박물관, 도서관, 동물원, 문화센터 등을 차례로 여러 지역에 설립하였다. 그리하여 지금은 21개의 박물관과 국립동물원, 그리고 박물관보존연구소, 미술기록보관소, 천체물리학 관측소,

미국 스미소니언 항공우주박물관 로비 ㅣ 미국의 수도 워싱턴DC에 위치하며 1층은 항공기, 2층은 우주가 중심 주제이다. 우주복, 우주식량 등 뮤지엄숍의 기념상품이 다양하다.

보존 생물학 연구소, 환경연구센터, 포트 피어스의 해양기지, 파나마의 열대연구소 등 200개 이상의 기관을 운영하고 있다. 박물관 분야에서는 국립항공우주박물관, 국립자연사박물관, 국립미국역사박물관, 국립아프리카예술박물관, 국립초상화미술관, 국립우편박물관, 국립아프리카계미국인 역사문화박물관, 아메리칸인디언국립박물관, 미국라틴계국립박물관, 미국여성역사박물관 등 미국사회의 다양성을 조명하고 이해와 소통을 추구한다는 점이 특징이다.

한편, 19세기에는 그동안 제국주의 침탈로 훼손된 유적을 보

이집트 고대 무덤에서 출토된 관과 미이라 ㅣ 국립중앙박물관 특별전 「이집트 보물전」(2016
~2017)의 전시품

존하려는 움직임이 활발해져서 이집트 카이로 교외에 작은 박
물관을 세우고 유물을 관리하게 되었으며, 유럽 대륙 곳곳에서
국가 주도로 박물관 건립이 속속 진행되었다. 독일에서는 프리
드리히 빌헬름 3세Friedrich WilhelmⅢ의 지원을 받아 1830년에
그리스·에투루리아·로마인 예술과 문화를 상설전시하는 알테
스박물관Altes Museum을 베를린에 건립하였고, 러시아는 18세
기 후반에 왕실 수집품을 관리하기 위해 상트페테르부르크에
세운 예르미타지박물관Hermitage Museum을 1852년 처음으로
대중에게 개방하였다. 스웨덴은 1891년에 스톡홀름에서 각종

러시아 예르미타지박물관 | 18세기 후반에 건립한 러시아의 겨울궁전을 왕실 화랑으로 사용하다가 19세기말부터 일반인에게도 개방하였으며 1922년부터 국립예르미타지박물관으로 불린다. 1천여개의 방에 고대 러시아 및 스키타이 문화에서부터 근대이후 유럽의 유명 회화 작품까지 다양한 예술품을 전시하고 있으며, 세계 3대 박물관 중 하나로 꼽힌다.

건축물로 구성된 야외박물관을 처음으로 개관하였다. 이후 북유럽 각지에는 야외박물관을 기반으로 한 민족·민속박물관이 많이 세워졌다.

20세기에는 지방정부가 박물관 건립을 주도하는 경우가 많아졌다. 1996년 스페인 바르셀로나에 건립된 카탈루냐 역사박물관Museum of the History of Catalonia은 카탈루냐주의 역사 문화적 배경이 스페인과 크게 다르므로 정치적으로 독립해야 한다는 점을 강하게 주장한다.

이처럼 서양의 박물관은 중상주의, 해외 팽창 및 식민지 개척, 제국주의와 함께 성장했으며, 교육을 통해 제국의 위상을 널리 알리고 유지시키는 도구 역할을 하였다. 대개 조약이나 무력을 통해 점령한 해외 식민지와 산업 팽창을 통해 축적한 부를 기반으로 많은 사립박물관을 만들었으며, 식민지에서의 폭력과 착취를 통해 얻은 각종 문물들을 기반으로 국립 및 지역 박물관이 성립·발전하였다. 특히, 아프리카와 아시아가 수탈의 대상이 되었는데, 1960년대 중반까지 전 세계 450만점의 민족지 자료 중 150만점 이상이 미국 박물관에 있었다는 보고서가 제출될 정도이다.

제국들은 박물관 건립과 함께 식민지의 유적들을 발굴하고 유적·유물을 복구하는 일에도 적극적으로 나섰다. 그 이유를 베

네딕트 앤더슨Benedict Richard O'Gorman Anderson은 그의 저서 『상상의 공동체』에서 3가지로 정리했다. 첫째, 일련의 고고학적 복원은 진보주의자들의 압력에 저항하는 보수적 교육프로그램이라는 것이다. 식민지의 원주민과 진보주의자들은 근대식 교육을 당국에 요구하는 반면 보수주의자들은 원주민이 단순한 원주민으로 남기를 희망하기 때문에 고고학 발굴과 관련한 일련의 프로그램들을 전략적인 미봉책으로 삼았다고 한다. 둘째, 고고학의 이념적 프로그램들은 역설적으로 유적·유물의 주인공들과 식민지 원주민을 분리시켰다는 것이다. 대표적인 사례로서 캄보디아의 앙코르와트 유적을 들 수 있는데, 이를 오늘날의 캄보디아와 무관한 콤Khom인이 만들었다고 여기게 함으로써 지금의 원주민은 능력이 없다는 단절적 허무주의를 유포할 수 있었다고 한다. 셋째, 재구성된 유적들이 관광명소로 떠오르면서 제국은 전통의 수호자로 자리매김한다는 것이다. 유적·유물 조사·관리는 침입자인 제국의 이미지를 희석하고 지배권력 확장을 준법적인 방법으로 정당화시켜주는 교묘한 장치라고 볼 수 있다.

한편, 박물관은 19세기 이후 산업화의 물결 속에서 대중들에게 사회 윤리와 위생개념을 교육하고 사회를 통합시키는 교육공간으로서 인식되었다. 대표적인 사례로서 1845년 영국이 처음 제정한 박물관법을 들 수 있다. 박물관이 단순한 보물창고가 아니라 대중교육기관이라는 점을 명시한 법이었다. 독일은 1927년에 국립독일위생박물관Deutsche Hygine Museum을 설립한 뒤 각종 위생 교육자료를 버스에 싣고 벽촌까지 가서 보건위생을 교육하였는데, 이는 오늘날 '찾아가는 박물관'(이동박물관)의 본보기라고 할 수 있다.

최근 서양의 박물관들은 과거 약탈적 역사에 대한 반성과 함께 그 이데올로기적 색채를 씻어내려고 노력하기도 한다. 영국 제국주의의 상징과도 같았던 빅토리아·앨버트 박물관은 21세기를 시작하며 서펜타인 갤러리Serpentine Gallery와 함께 개최한 '주고받기Give & Take' 특별전시회에서 빅토리아 여왕과 남편 앨버트 공이 그려진 항아리를 비롯해 화려했던 대영제국을 상징하는 각종 전시품과 현실의 경제적·사회적 불평등을 날카롭게 비판하는 리차드 빌링햄Richard Billingham의 작품을 대비시키는가 하면 1851년 만국박람회 개관식 그림과 19세기 영국 통치하의 인도 캘커타 풍경을 묘사한 작은 목판화들을 나란히 전시해 제국주의와 식민주의의 모순을 꼬집었다.

(3) 동양의 박물관

아시아에서는 한국, 중국, 일본 모두 일찍부터 왕궁에 특별한 시설을 갖추고 진귀한 동물·식물을 키우거나 서적·회화·자기·보석 등의 귀중품을 수집해 관리했다는 기록이 있지만, 오늘날의 박물관 개념과는 다소 차이가 있다. 서양의 근대 박물관을 가장 먼저 본뜬 곳은 일본이다.

일본은 에도江戶시대에 유럽을 소개하는 책을 통해서, 그리고 미국에 파견되었던 사절단의 견문을 통해서 뮤지엄의 효용성을 이해하고 1860년경 박물관으로 번역하기 시작했으며, 1872년 3월 문부성 박물국博物局이 도쿄 유시마湯島성당에서 개최한 박람회에서 문부성박물관이라는 이름을 처음 사용하였다. 전시는 왕실의 각종 옛 물건과 박제·표본 등 600여 건을 20일간 진열할 예정이었지만, 관람객이 너무 많아서 1개월간 연장할 정도였으며, 총 입장객 15만명, 1일 평균 약 3,000명이 관람했다고 한다. 당시 나고야성名古屋城의 금잉어 장식을 비롯해 전시물을 유리 케이스에 넣어 진열하는 방식은 관람객에게 신선한 인상을 준 것으로 알려진다. 이듬해인 1873년에는 박물관을 우치야마시타쵸內山下町로 옮겨 옛물건·동물·식물·광물·농업·수입품 등 7개의 전시관을 만들어 운영하였고 소속을 내무성으로 바꾸었다.

박람회가 인기를 끌자, 내무성은 1877년 8월에 우에다上野공원에서 제1회 내국권업박람회內國勸業博覽會를 개최하였다. 일본

국내 생산품을 한자리에 전시해 우열을 밝힘으로써 출품자의 향상심과 경쟁심을 자극해 산업을 증진하고 정신적으로는 국가적 단결을 도모하려는 행사였는데, 미술관을 중심으로 동쪽과 서쪽에 좌우대칭으로 기계관·원예관·농업관 등을 설치하였으며, 102일 동안 출품자 16,000여명, 관람객 45만명을 넘었다고 한다. 1881년 3월에 열린 제2회 내국권업박람회에서는 지금의 도쿄東京국립박물관 본관 자리에 2층 벽돌 건물을 세우고 가스등 등을 선보였는데, 122일 동안 82만명이 관람한 것으로 전해진다.

1882년 3월에는 우에노공원 박람회장의 건물에 상설의 박물관을 만들어 개관하였다. 박물관은 1886년에 궁내성 소속으로 바뀌어 농상무성 소관의 박람회와 완전히 구별되었으며 이름도 토쇼료圖書寮부속박물관으로 바뀌었다. 1889년 박물관 이름을 테이코쿠帝國박물관으로 바꾸면서 테이코구 나라奈良박물관, 테이코쿠 교토京都박물관 등을 동시에 설립하였다. 1900년에는 테이코쿠박물관을 도쿄 테이시츠帝室박물관으로 이름을 바꾸면서 2만여명으로부터 기부금을 받아 새로 철골조의 2층 건물을 짓고 8개 공간에 공예·서적·회화·조각 등의 고미술품을 전시하였다. 이 무렵 도쿄 테이시츠박물관은 일본 제국주의 왕실 박물관일 뿐 아니라 동아시아를 지배하는 제국의 박물관으로 인식

일본 도쿄국립박물관(본관) ⏐ 일본 도쿄도東京都 다이토구台東區 우에노上野공원에 위치하며 독립행정법인 국립문화재기구가 운영한다. 1938년에 새로 지은 본관을 중심으로 동양관, 효케이관表慶館, 호류지法隆寺보물관, 헤이세이관平成館 등이 좌우로 늘어서 있다.

되고 있었다. 그러나 1923년 간토關東대지진 때 박물관의 주요 건물이 모두 훼손되어 다시 지어야 했다. 일본이 전쟁에서 패배한 뒤인 1947년에는 이름을 국립박물관으로 바꾸고 소속도 문부성으로 옮겼다. 그리고 1952년 3월 도쿄국립박물관이라는 이름으로 재출발하였다.

일본에서 박물관법 제정은 유럽보다 많이 늦어서 1951년에야 처음 공포하고 이후 두 차례 개정하였는데, 박물관 설치 목적을 국민 교육과 문화 발전에 기여하는 것이라고 명시하였으며, 박물관을 공립과 사립으로 나누고 등록박물관, 박물관 상당시설,

박물관 유사시설 등의 명칭으로 구분하고 있다.

중국은 1911년 신해혁명으로 청淸 왕조가 무너진 뒤 왕실 소유의 각종 귀중품들을 한데 모아 베이징에 북경고물진열소北京古物陳列所를 만들었으며, 1925년에는 소장품을 개방 전시하는 고궁박물원故宮博物苑을 설립하였다. 그리고 이듬해인 1926년에는 1912년부터 작업해온 중국역사박물관中國歷史博物館도 정식 개관하였지만, 1931년 만주사변이 일어나자 전시를 중단하였다. 중국의 국민당 정부는 일본과 전쟁 중이던 1933년 난징南京에 국립중앙박물원南京博物院을 세웠다가 전쟁이 격화되자 폐쇄하였다.

사실 중국 최초의 현대식 박물관은 1905년 장쑤성江蘇省 난퉁시에 설립한 난퉁박물원南通博物苑이다. 중국 최초의 사립박물관이기도 하다. 설립자인 장젠張謇은 관료 출신의 근대적 기업가로서 각종 학교와 박물관·도서관을 세워 인재 양성과 대중교육을 선도하였는데, "도서관과 박물관은 학교의 배후가 되어 학문을 계승할 선비가 참고하고 실험하고 고금古今을 종합해 공부하는 곳"이라고 생각하였다. 그는 중화문명에 대한 애착과 자부심이 매우 강해서 중국의 옛 문물이 외국인의 손에 넘어가는 현실을 개탄하였으며, 박물관을 통해 전통문화와 문물을 지키려 하였다.

중국 랴오닝성박물관 ┃ 중국 랴오닝성 선양시瀋陽市의 남쪽 신도심에 새로 지은 건물이며, 2015년 5월 이전 개관하였다. 상설전시실이 22개로서 중국에서 가장 전시실이 많은 곳이다.

1932년 3월, 일본제국의 관동군이 괴뢰정부인 만주국을 세우고 청나라의 마지막 황제인 선통제宣統帝 푸이溥儀를 옹립하였다. 이때 푸이는 청나라 황실의 보물 상당수를 만주국으로 가져갔으며, 그중 일부가 우여곡절을 거쳐 지금의 랴오닝성박물관에 수장된 것으로 알려진다.

중국은 박물관 증가 속도가 다른 나라들에 비해 매우 빠른 편이다. 1949년에는 21개에 불과했던 것이 1957년 72개, 1980년

중국 하남박물원 ㅣ 중국 허난성河南省 정저우시鄭州市에 위치하며, 중국 고대 상商나라 때의 청동기와 갑골문 유물이 유명하다. 중국에서는 박물관 중에서 규모가 크고 관할 범위가 넓은 곳을 한 단계 높여 박물원이라고 부른다.

365개, 1985년 711, 1990년 1,013개, 1994년 1,161개, 1998년 1,331개 등 빠른 성장세를 보였고, 2000년 이후 증가 속도가 더욱 빨라져서 2006년 2,300여개, 2022년 5,535개에 이르렀다. 이러한 박물관을 행정적으로는 국가급, 성(직할시·자치구)급, 지구(시)급, 현(시)급 등 4급으로 분류하고, 업무 내용 및 기능에 따라 사회역사류, 자연과학류, 문화예술류, 혁명기념류, 전문직업류, 생태환경류 등 6종류로 분류한다. 소장품은 국가문물국의 관리

중국 난징박물원 ǀ 중국 장쑤성江蘇省 난징시南京市에 위치하며, 난징이 중화민국의 수도였던 시절에 설립하였다. 한때 베이징에 있던 중요 유물을 많이 옮겨와 보관했기에 국보급 유물이 많으며, 역사관, 예술관, 민국관, 무형문화관, 디지털관, 기획전시관 등이 있다.

타이완 고궁박물원 ǀ 타이완 타이베이臺北시에 위치하며, 타이완 행정원 소속기관이다. 1948년 중국 국민당 정부가 타이완으로 퇴각하면서 송宋·원元·명明·청淸시대의 황실 유물들을 많이 가져와 설립하였는데, 취옥백채翠玉白菜를 비롯해 섬세한 옥 조각품들이 유명하다.

하에 1급(진귀문물), 2급(귀중문물), 3급(보통문물)으로 구분한다.

한편, 1948년 중국공산당이 내전에서 승리하자 국민당 정부가 베이징의 고궁박물원, 난징의 국립중앙도서관과 난징박물원, 국립중앙연구원 역사어언연구소歷史語言研究所, 국립중앙박물원 등의 소장품 중 상당수를 타이완으로 옮겨 오늘날의 국립고궁박물원을 세웠다. 타이완에는 이미 1908년에 일본제국의 타이완臺灣 총독부가 세운 타이완총독부 박물관이 있었는데, 식민지 통치의 합리화를 위해 타이완지역에 대한 지질·지리·동식물·해양조사 등 과학적 연구성과를 민족·민속과 함께 전시하는 역할이었다. 1945년 일본이 미국에 항복하자 타이완총독부 박물관은 타이완성臺灣省박물관으로 이름을 바꾸었으며, 나중에 다시 국립타이완박물관으로 이름을 바꾸었다. 1946년에 이미 과학·민속자료 소장품이 2만건을 훌쩍 넘어서 타이완 최고의 자연사박물관으로 불린다. 그러나 이러한 소장품의 대다수는 식민지시대의 유산이기 때문에 국민당 정부는 국립타이완박물관보다 국립고궁박물원을 더 중시하였다.

타이완의 3대 박물관 중 하나인 국립역사박물관國立歷史博物館은 1956년에 개관하였다. 설립 이유는 '민족정신 교육을 강화하고 국민 심리 건설을 촉진하는 것'이었으며, 미술품 수집·전시를 주요 임무로 삼은 국가 갤러리 성격이 짙었다. 이밖에 타이완 정부가 2011년 타이난臺南시에 건립한 국립타이완역사박물관國立臺灣歷史博物館은 타이완의 역사와 문화를 중국과 구분해 설명함으로써 타이완 정부의 자주독립 정책을 뒷받침하고 있다.

(4) 한국의 박물관

한국의 근대 박물관은 인도, 인도네시아, 필리핀 등 다른 아시아 국가들과 마찬가지로 식민지 역사와 관련이 깊다. 일본이 대한제국에 통감부를 설치한 뒤인 1909년 창경궁에 동물원·식물원과 함께 박물관도 만들어 각종 회화, 도자기, 공예품 등을 전시하였다. 이 박물관은 대한제국이 멸망한 뒤인 1912년 창덕궁의 새로 지은 건물에서 이왕가박물관이라는 이름으로 재개관하였는데, 소장품은 1936년경 18,687점으로서 석물·금속·토도·회화 등 다양했으며, 특히 서화류의 비중이 매우 높았다고 한다. 이후 1938년 덕수궁 안에 건물을 새로 짓고 이관하면서 이왕가미술관으로 이름을 바꾸었으며, 1945년 광복한 뒤 덕수궁미술관이 되었다.

조선총독부는 1915년 경복궁에 2층 건물을 짓고 식민지정치 5년을 기념하는 조선물산공진회朝鮮物産共進會를 개최한 뒤 조선총독부박물관을 개관하였다. 그리고 이듬해 고적古蹟 및 유물 보존규칙을 제정하고 조선총독부 내에 고적조사위원회를 설치하였는데, 이는 유적 발굴조사 및 박물관 소장품 확보와 깊이 연관된 조치였다. 조선총독부박물관은 ①불상류, ②삼국시대 및 통일신라 발굴유물, ③고려·조선 유물, ④낙랑·대방 유물, ⑤석기류 및 청동경, ⑥서화류 등 6개의 전시실을 운영하였다. 그리고 1926년에 경주분관, 1939년에 부여분관을 설치하였으며, 이와 별도로 1931년 개성부립박물관, 1933년 평양부립박물관, 1940년 공주읍박물관 설립에 관여하였다. 1936년에는 문화재 수집가 전형필이 최초의 사립미술관인 보화각葆華閣을 세웠다. 지금의 간송미술관이다.

1945년 광복한 뒤 조선총독부박물관은 국립박물관으로 바뀌었다. 경주분관과 부여분관도 공주읍박물관과 함께 국립박물관의 분관으로 개편되었으며, 이듬해에는 개성부립박물관이 국립박물관 개성분관으로 편입되었다. 1972년, 서울의 국립박물관이 경복궁 내 새 건물로 이전하면서 국립중앙박물관으로 이름을 바꾸었고, 각 도에 모두 국립박물관을 설립한다는 정책에 따라 1978년 국립광주박물관 건립부터 2013년 국립나주박물관 건립 및 2015년 국립미륵사지유물전시관 개편까지 꾸준히 지방 국립박물관 증설을 추진하였다. 그리하여 2017년부터 국립중앙박물관은 산하에 13개의 분관을 두고 있다. 공립박물관

국립중앙박물관 ┃ 서울시 용산구 용산동에 위치하며 2005년 10월 신축 이전 개관하였다. 소장품은 150만여 점이고, 산하에 국립경주박물관을 비롯한 13개 분관이 있다.

은 1946년 인천시립박물관이 처음으로 개관하였으며, 1978년 부산박물관, 1996년 경기도박물관, 2002년 서울역사박물관 등 지방자치단체가 설립한 박물관들이 차례로 문을 열었다.

한국에서 박물관법이 제정된 것은 1984년 12월 31일이며, 1985년 7월부터 시행하였다. 1991년 11월에는 박물관 및 미술관 진흥법」(약칭: 박물관미술관법)이라는 이름으로 개정하였고, 이후 2016년 5월까지 20여 차례나 개정하였다. 현행 박물관 및 미술관 진흥법에 따르면, 박물관은 "문화·예술·학문의 발전과 일반 공중의 문화향유 및 평생교육 증진에 이바지하기 위하여 역사·고고考古·인류·민속·예술·동물·식물·광물·과학·기술·산

부산박물관 | 부산시 남구 유엔평화공원 인근에 있으며, 신석기시대 패총, 삼국시대 가야, 조선시대의 임진왜란 및 조선통신사 관련 유물이 많다.

경기도박물관 | 경기도 용인시 신갈IC 부근에 있으며, 고려시대 청자 · 백자, 조선시대 초상화 · 출토복식 · 백자 등 보물급 유물이 많다.

서울역사박물관 ㅣ 서울시 종로구 경희궁 터에 위치하며, 조선시대 한양 정도부터 현대 서울시의 도시계획까지 근세~현대사를 전시한다.

업 등에 관한 자료를 수집·관리·보존·조사·연구·전시·교육하는 시설"을 말하며, 미술관은 "문화·예술의 발전과 일반 공중의 문화향유 및 평생교육 증진에 이바지하기 위하여 박물관 중에서 특히 서화·조각·공예·건축·사진 등 미술에 관한 자료를 수집·관리·보존·조사·연구·전시·교육하는 시설"을 말한다. 법률 이름에 박물관과 미술관을 나란히 거론한 사례는 한국이 유일하다. 이는 마치 '의학 및 치과의학' 또는 '자동차 및 버스'처럼

'전체'와 '부분'을 나란히 적어놓은 것과 같다.

　「박물관 및 미술관 진흥법」에 따라 대통령이 정한 명령인 「박물관 및 미술관 진흥법 시행령」과 문화체육관광부가 정한 세부 규칙인 「박물관 및 미술관 진흥법 시행규칙」은 모두 1992년 6월부터 시행되었다. 시행령은 주로 학예사 자격요건, 준학예사 시험, 박물관·미술관 운영위원회, 수증심의위원회의, 기증유물 감정평가위원회의, 등록신청, 변경등록, 박물관 및 미술관의 평가인증 등 조건·기준에 대한 규정이며, 시행규칙은 각종 신청서 양식 및 절차에 대한 규정이다. 현행 시행령에 따르면, 박물관 또는 미술관 등록은 자료, 학예사, 시설 규모 등에 따라 제1종과 제2종으로 구분해 등록하는데, 제1종은 소장자료 100점 또는 100종 이상, 소속 학예사 1명이상 기관으로서 종합박물관, 전문박물관, 미술관, 동물원, 식물원, 수족관 등으로 구분하며, 제2종은 소장자료 60점 이상, 소속 학예사 1명 이상인 자료관·사료관·유물관·전시장·전시관·향토관·교육관·문서관·기념관·보존소·민속관·민속촌·문화관 및 예술관이거나 도서·비디오테이프 및 CD 각 300점 이상을 소장한 문화의집이 해당한다.

<2022. 1. 시·도별 박물관·미술관 현황(문화체육관광부)>

시도	합계	박물관				미술관			
		계	국공립	사립	대학	계	국공립	사립	대학
계	1194	909	439	364	106	285	80	190	15
서울	174	130	35	67	28	44	6	33	5
부산	42	33	13	9	11	9	2	5	2
대구	21	17	8	6	3	4	2	0	2
인천	35	30	16	13	1	5	2	3	0
광주	26	12	5	3	4	14	4	8	2
대전	20	15	4	4	7	5	2	3	0
울산	12	11	9	1	1	1	1	0	0
세종	7	7	3	4	0	0	0	0	0
경기	186	128	54	63	11	58	14	41	3
강원	119	97	49	43	5	22	5	17	0
충북	54	43	26	12	5	11	5	6	0
충남	74	64	37	21	6	10	2	8	0
전북	64	43	30	9	4	21	7	14	0
전남	103	65	42	20	3	38	11	27	0
경북	86	75	42	23	10	11	5	5	1
경남	88	77	49	22	6	11	5	6	0
제주	83	62	17	44	1	21	7	14	0

<한국의 인구 백만 명 당 문화시설 수(명.개)>(2022.1. 문화체육관광부)

지역	인구 수	문화 시설 계	공공 도서관	박물관
서울	9,509,458	45.74	20.51	13.67
부산	3,350,380	41.49	14.63	9.85
대구	2,385,412	39.83	18.45	7.13
인천	2,948,375	42.74	19.67	10.18
광주	1,441,611	51.33	16.65	8.32
대전	1,452,251	43.38	17.90	10.33
울산	1,121,592	39.23	16.94	9.81
세종	371,895	64.53	34.96	18.82
경기	13,565,450	43.57	22.12	9.44
강원	1,538,492	156.65	39.00	63.05
충북	1,597,427	88.27	33.80	26.92
충남	2,119,257	86.35	29.73	30.20
전북	1,786,855	100.74	35.82	24.06
전남	1,832,803	125.49	38.74	35.46
경북	2,626,609	84.14	26.65	28.55
경남	3,314,183	68.80	22.93	23.23
제주	676,759	192.09	32.51	91.61
총계	51,638,809	60.90	23.39	17.60
수도권	26,023,283	44.27	21.25	11.07
지방	25,615,526	77.80	25.57	24.24
총계	51,638,809	60.90	23.39	17.60

지역	미술관	생활 문화센터	문예 회관	지방 문화원	문화의 집
서울	4.63	0.84	2.84	2.63	0.32
부산	2.69	5.97	3.58	4.78	0
대구	1.68	4.61	4.61	3.35	0
인천	1.70	4.07	3.73	3.39	0
광주	9.71	5.55	5.55	3.47	2.08
대전	3.44	2.75	3.44	3.44	2.07
울산	0.89	2.67	4.46	4.46	0
세종	0	5.38	2.69	2.69	0
경기	4.28	1.40	3.24	2.29	0.74
강원	14.30	11.05	14.95	11.70	2.60
충북	6.89	2.50	7.51	6.89	3.76
충남	4.72	4.25	8.49	7.08	1.89
전북	11.75	8.95	9.51	7.83	2.80
전남	20.73	5.46	11.46	12.00	1.64
경북	4.19	3.81	10.28	8.76	1.90
경남	3.32	4.22	6.64	6.03	2.41
제주	31.03	8.87	4.43	2.96	20.69
총계	5.52	3.35	5.17	4.47	1.32
수도권	4.11	1.50	3.15	2.54	0.50
지방	6.95	5.23	7.22	6.44	2.15
총계	5.52	3.35	5.17	4.47	1.32

3) 박물관의 기능과 역할

(1) 박물관의 종류

박물관은 사회구성원들이 함께 기억할만한 가치가 있는 유형·무형의 자산을 조사·연구·수집·보존·전시·교육하는 비영리 상설기관이다. 사회구성원이 '함께 기억할만한 가치'란 기본적으로 과거 사실의 기반 위에 서 있는 것이므로 박물관이 다루는 유형·무형의 자산은 어느 사회의 역사와 깊이 연관된 것이다. 그런 점에서 박물관은 그 사회가 중시하는 가치관 및 역사를 가르치고 배우는 곳이라고 할 수 있다. 일종의 맞춤형 역사 교과서인 것이다.

역사는 인류사회의 변화에 영향을 준 의미 있는 과거 사실에 대한 기억(기록) 또는 인식이라고 정의할 수 있다. 모든 인류사회는 과거 사실에 대한 기억과 인식을 사회구성원이 체계적으로 공유함으로써 그 사회의 현재 가치관을 정립하고 미래 지향점을 추구하는 동력으로 삼아왔다. 그런 점에서 역사 교육은 그 사회의 지나간 일을 객관적으로 관찰하고 평가함으로써 거시적 통찰력, 미시적 분석력 등 사회적 안목을 기르는 교육이라고 할 수 있다. 그리고 그 역사 교육의 매개자 역할을 오늘날 각종 학교와 박물관이 수행하고 있다. 다만, 박물관의 역사 교육은 비

프랑스 국립자연사박물관
프랑스 파리 시내에 분포한 여러 개의 박물관과 동물원, 식물원으로 구성되어 있으며, 고생물학·비교해부학 갤러리에서는 공룡화석과 매머드 등 다양한 동물·식물 화석을 전시한다.

단 학문분야로서의 역사학 내용에 한정되지 않고 인류 사회의 보편 가치 및 모든 분야의 과거 사실에 대한 기억 및 인식에 대한 것이어야 한다.

유형·무형의 인류 자산을 조사·연구·수집·보존·전시·교육한다는 박물관의 사명에 비추어 보면 박물관의 종류는 무궁무진하다. 학문계통을 기준으로 나눈다면 인문계열, 자연계열, 예술계열, 체육계열, 실업계열 등 다양하게 분류하며, 운영주체를 기준으로 하면 국립박물관, 공립박물관, 사립박물관 등으로 나눈다. 이용자 기준으로는 일반박물관, 학교박물관, 어린이박물관, 장애인박물관 등으로 나누며, 전시주제에 따라서는 종합박물관과 전문박물관, 장소 기준으로는 실내박물관과 야외박물관으로 나눌 수 있다. 박물관 명칭은 전시·교육 내용과 시설 규모 등의 사정을 감안하여 다르게 부르는 경우도 있다. 미술관, 기념관, 전시관, 자료관, 향토관, 과학관, 수족관, 표본실 등은 모두 박물관을 달리 부른 예에 속한다. 현재 한국에서는 역사박물관이 압도적으로 많은 수를 차지하고, 미술박물관이 그 다음으로 많은 편이며, 과학박물관은 적은 편이다.

한국에는 국가를 대표하는 자연사박물관이 없다. 미국의 스미소니언·미국자연사박물관·필드자연사박물관·덴버자연과학박물관, 영국의 런던자연사박물관, 프랑스의 국립자연사박물관, 독일의 젠켄베르크자연사박물관, 덴마크의 오르후스자연사박물관, 네덜란드의 바이오크론자연사박물관, 스위스의 스위스자연사박물관, 캐나다의 로열티렐박물관·UBC자연사박물관, 남아프리카공화국의 오리진센터, 일본의 국립자연과학박물관, 중국의 북경자연사박물관·상해자연사박물관, 대만의 국립자연과학박물관, 몽골의 몽골국립자연사박물관 등 세계 거의 모든 나라들이 대규모의 자연사박물관을 설립·운영한다는 사실에 비추어보면 한국에 국립자연사박물관이 없는 점은 매우 이상하다. 우리는 자연사박물관을 통해 지구의 자연환경 변화, 다른 동·식물의 특징 등을 더 깊이 이해하고, 그럼으로써 인간이 자연의 일부라는 사실과 자연유산 및 과학의 중요성을 더욱 깊이 객관적으로 인식할 수 있다.

한국에는 아직 국가를 대표하는 인류학박물관도 없다. 1975년 한국민속박물관이 개관하고, 1992년 국립민속박물관으로 개편하여 오늘날 연간 270만명이 이용하는 세계적인 박물관으로 성장하였으나, 다양한 인류문화를 다룬 민족지박물관이 아니라 한국민속만 다룬 박물관이어서 인류문화의 다양성과 보편적 특징을 이해하기는 어렵다. 미국의 펜실베니아대학교 고고학·인류학박물관, 프랑스의 인류박물관, 캐나다의 밴쿠버 인류학박물관, 멕시코의 국립인류학박물관, 러시아의 인류학·민족지학박물관 등 다른 나라의 사례를 참고해 하루바삐 건립할 필요가 있다.

한국은 일제시기 일본의 영향으로 미술박물관을 미술관美術館이라고 따로 부른 뒤부터 박물관과 미술관을 서로 다른 영역의 문화교육시설로 취급하고 있으나, 미술관Art Museum은 박물관Museum의 한가지 유형일 뿐이다. 오늘날 한국·중국·일본에서 미술관이라는 이름을 널리 쓰는 바람에 사람들은 흔히 박물관이라고 하면 역사박물관Historical Museum으로 생각하는 경향이 있다.

영국과 미국을 비롯한 서양에서는 뮤지엄과 별도로 갤러리gallery라고 하는 경우, 소장품이나 상설전시실을 따로 두지 않고 기획전시만으로 운영하는 예술 전문 공간 또는 기관을 가리키는 것이 보통이다. 한국에서는 주로 일정 기간 현대 미술품을 전시하면서 사고파는 등 상업적 활동이 활발한 공간을 가리키거나 단출한 전시시설로만 이루어진 작은 미술관을 가리키는 경향이 있다.

<미술관과 박물관의 상대적 특징>

	미술관	박물관
주요목표	감성 자극 영감 확장 정서 함양 공감능력 배양 개인의 인격과 행복	사회성 배양 통찰력 배양 가치관 정립 공동체 의식 함양 국가·사회의 번영
이념	탈이념적 진보적	이념적 보수적
전시 운영	특별전 중심	상설전 중심
전시물 선정기준	예술성	역사성
관점	현재 보편성에 주목 시·공간 구속 적음	과거 특수성에 주목 시·공간 구속 많음
경험방식	직접경험 체험	간접경험 추체험
관람태도	감각적 감정적 주관적	논리적 이성적 객관적

(2) 미술박물관(미술관)

한국에서 미술관은 박물관과 전혀 다른 곳으로 인식되는 경향이 있다. 간혹 전통 미술품을 고고학·역사학·민속학적 관점에서 다양한 자료들과 함께 전시하는 경우도 있지만, 대개는 현대 미술품을 소장하고 전시·교육하는 곳을 가리킨다. 전통 미술

국립현대미술관(과천관 내부) ㅣ 경기도 과천시 서울대공원 인근에 있으며 1986년 8월 서울시의 덕수궁 석조전에서 이전 개관하였다. 산하에 덕수궁관을 비롯한 3개의 분관이 있다.

품이 아니라 현대 미술품을 전시한다는 점에서는 이른바 갤러리 또는 화랑畫廊과 비슷한 면도 있다. 그러나 보통 갤러리와 화랑은 작품을 사고파는 상업활동이 두드러지지만, 미술관은 작품을 사들이기만 할 뿐 팔지 않으며 전시·교육에 집중한다는 점에서 사회적 기능이 크게 다르다.

　미술관이 작품을 팔지 않는다는 점은 매우 중요하다. 미술관이 경제적 이익을 추구하기보다 사회적 자산을 지키고 사회 공공의 이익을 추구하는 기관임을 나타내는 지표이기 때문이다. 이 때문에 상업적 성격의 갤러리·화랑에 비해 미술관에 대한

바티칸박물관의 조각품 라오콘 Laocoon ┃ 로마시대의 조각품으로서 1506년 로마황제 네로의 궁전 부근에서 발견되었다고 한다. 라오콘은 아폴로를 섬기는 트로이의 제관이었는데, 트로이전쟁 때 그리스 목마를 트로이성 안으로 들여오는 데 반대한 것 때문에 포세이돈이 보낸 큰 뱀에게 두 아들과 함께 살해당했다는 이야기가 전한다.

대중의 신뢰도가 더 높다.

미술관은 작가의 독특하거나 진취적이거나 개척적인 미술작품에 더 환호하는 경향이 있다. 특별한 작품을 감상함으로써 관람객이 자신의 감성을 자극하고 영감을 계발하려고 하기 때문이다. 그래서 미술관은 주관적 감상을 매우 중시한다. 미술관 큐레이터는 관람객이 작가의 의도를 스스로 잘 알아채고 그 철학에 공감할 수 있도록 작품을 진열하는데, 작가로부터 받아둔 정답이 따로 없고 관람객의 성향이 저마다 다르므로 관람객이 자신만의 경험과 관점으로 이해할 수 있도록 안내하고자 노력한다. 이로써 관람객은 작품을 통해 작가의 생각을 읽어내고 그 고민과 창의력의 일단에 공감하는 능력을 배양한다는 것이다. 이는 미술관이 작가는 물론 관람객 개인의 시각과 인격을 최대한 존중하는 전시시설이라는 뜻이기도 하다.

그렇기에 미술관의 전시품은 대개 작가의 의도가 직접 발현되는 진품이다. 작가와 관람객의 상호 소통을 중시하므로 복제품을 이용할 필요가 없다. 관람방식도 관람객이 작가의 의도를 정확히 파악하고 직관력을 높일 수 있는 방식을 선호한다. 관람객 개인의 능력 향상과 감성 자극에 초점을 맞추는 것이다.

박물관이라고 부르지만 실상은 미술관인 곳도 꽤 있다. 현대 미술품이 아니라 전통 미술품이 전시실의 핵심인 곳이 그러한

데, 사실 따지고 보면 프랑스의 루브르박물관, 영국의 대영박물관, 이탈리아의 바티칸박물관 등도 내용은 미술관에 가깝다. 다양한 전시품의 역사적 배경이나 인류학·민속학적 접근을 유도하기보다 그것의 공예 및 기술적 특징, 미술사적 성취와 의미 등에 더 집중하기 때문이다. 그럼에도 불구하고 굳이 미술관이라고 하지 않고 박물관이라고 부르는 것은 이집트고대유물관·근동유물관·로마유물관·이슬람미술관·장식품전시관, 이집트·수단전시관, 그리스·로마전시관, 중동전시관, 아시아전시관, 아프리카전시관, 아메리카전시관, 인쇄·그림전시관 등 주요 전시실의 전시품이 역사학·고고학·미술사학·인류학·민속학 등의 학문 분야와 밀접히 연관되며 그 성과를 망라하기 때문이다.

한국에서 대다수의 미술관은 상설전시실이 따로 없다. 일정 기간 특별한 주제에 맞춰 작품을 전시하고, 예정된 일정이 끝나면 새로운 주제에 맞춰 작품을 교체한다. 이때 전시작품은 소장품을 이용하는 경우도 있지만 외부기관이나 작가에게서 빌려서 구성한 경우가 적지 않다.

전시 담당 학예사(큐레이터)가 주제에 맞춰 작가를 섭외하고 작품을 선정할 때 무엇보다 우선해서 고려하는 것은 작품의 예술성이다. 그래서인지 미술관은 대체로 아이템(전시품) 중심으로 전시하는 경향이 있다. 아이템의 진정성에 집중하고 그것을 통해 주제의식을 일깨운다. 상대적으로 아이템 사이의 스토리텔링은 그다지 두드러지지 않는다. 이는 아이템을 사회·문화의 산물이라고 여겨서 전시 아이템 그 자체보다 그것의 출현 배경이나 아이템들 사이의 연결고리를 더 중시하는 역사박물관의 전시방식과 매우 다른 점이다.

(3) 역사박물관

역사박물관은 앞선 시대의 자료를 통해 역사 흐름과 사회변화상을 이해하는 곳이다. 그러므로 자료가 전달하는 객관적 사실 및 관람객의 공감대 형성을 매우 중시한다. 자료의 신뢰도를 높이고 역사적 진정성을 최대한 확보하려면 역사성을 지닌 진품을 전시하는 것이 가장 좋은 방식이지만, 불가피한 경우에는 복제품이나 모형을 이용한다. 전시품은 관람객이 역사적 맥락을 쉽게 이해하도록 도와주는 매개체에 불과한 경우가 적지 않기 때문이다. 그래서 역사박물관에서는 복제품·모형은 물론이고 영상과 사진 자료, 디오라마, 그래픽, 일러스트 등을 통해 역사적 실체를 전달하는 방식을 자주 사용한다.

전시방식도 관람객이 과거 사실에 대해 분석적, 논리적, 종합적으로 이해할 수 있는 방식을 선호한다. 박물관은 관람객이 전시물을 통해 사실을 직시하고 통찰력을 배양함으로써 그 지역과 사회의 정체성이 무엇인지 잘 이해하고 가치관을 공유하도록 유도한다. 물론, 대개는 박물관이 속한 지역과 사회의 긍정적인 이미지를 강조함으로써 관람객이 그 사회를 우호적으로 바라보거나 그 사회에 속한 자신을 긍정적으로 느끼도록 만들고 싶어 하지만, 그것도 역사적 사실과 상식적 해석이라는 기준을 벗어나면 오히려 역효과를 낼 수 있다.

박물관의 핵심 주제는 미술관의 그것과 달리 국가 또는 지역과의 연계성이 매우 높다. 그 지역의 지리적 특징과 변천, 유적의 위치와 지형변화, 유물의 형태 변화 등 시간적, 공간적 구속 요소가 많기 때문이다. 어떤 특별한 사건과 배경을 기반으로 발생한 사회변화상, 그리고 그에 관여한 인물들의 활동상과 그 결과에 주목한다. 그래서 박물관은 단순한 직관적 감상보다 시·공간적 제약을 넘어설 수 있는 역사적 상상력과 그에 기반한 논리적 이해를 우선시한다. 역사적 상상력은 통찰력, 분석적 판단력의 자양분이자 사회적 인격 성장의 토대라고 할 수 있다.

이처럼 박물관은 관람객의 사회성과 통찰력을 배양하고 가치관을 정립하며 공동체의식을 함양하려는 목표를 갖고 있으므로 자연스럽게 보수적이고 이념적인 성향을 띠게 된다. 이는 사회적 전통, 곧 기득권이라고 불리기도 하는 앞선 세대의 경험과 가치관을 이해함으로써 세대간의 공감대를 확장하는 자연스러

디오라마Diorama ㅣ 작은 공간 안에 모형과 그림 등을 설치해서 어떤 상황을 연출한 입체 전시. 19세기에 이미 연극이나 쇼 무대의 가장자리 연출에 많이 사용하였으며, 박물관에서 는 선사 및 역사시대의 상황을 설명하기 위해 많이 사용한다. 모형과 어울리도록 그림의 원 근법과 조명을 기술적으로 사용해서 시각적 효과를 높인다.

운 길이기도 하다. 자유분방한 젊은이들이 상대적으로 탈이념적이고 진보적인 미술관을 선호하며 종종 박물관 관람을 고리타분하거나 어려운 공부 시간처럼 여기는 것은 해당 공동체의 가치관을 인정하고 당신도 동참하라는 메시지를 무언의 압박으로 느끼기 때문일 것이다.

그러나 박물관은 공동체의 밝은 미래를 위해 문화유산을 위탁 보관하는 곳이며 소관 문화유산을 객관적, 실증적, 이성적, 논리적으로 연구하고 해석하고 교육하는 곳이기 때문에 어느 나라에서든 그 어떤 기관보다도 대중의 신뢰를 받는다는 점에 유의해야 한다. 영국박물관협회가 박물관에 대한 대중의 태도를 연구한 보고서에 따르면, 박물관은 기득권에 의해 지배당하는 국민 여론에 정확하고 믿을 만한 정보를 제공하는 기관이므로 신뢰할 만하다고 평가받는다고 한다. 회사의 소유권이나 정치적 제휴 등 권력과 긴밀히 연결된 것으로 알려진 텔레비전이나 신문 같은 미디어보다 박물관을 더 깊이 신뢰한다는 것이다.

이러한 평가는 미국에서도 마찬가지여서 조지메이슨대학 역사학과의 로이 로젠즈바이그Roy Rosenzweig교수와 인디애나대학교 역사학과의 데이비드 텔렌David Thelen교수는 그들의 공동저서 『과거의 존재The Presence of the Past』에서 "일반 대중이 과거에 관한 다양한 정보원들의 신뢰도에 순위를 매겼을 때, 박물관에는 10점 만점에 8.4점을 주며 다른 어떤 선택보다 상위에 놓았다"고 기술하였다.

박물관의 높은 신뢰도는 박물관의 일반적인 설립목적과 무관하지 않다. 영국 뉴캐슬대학교 문화유산학과의 리아넌 메이슨 Rhiannon Mason교수 등이 그들의 저서에서 정리한 박물관의 존재 이유는 박물관 신뢰도의 원천이 어디에 있는지를 명확하게 알려준다.

* 과거의 유물을 보여주거나 과거의 재현을 통해 과거를 말하기 위해
* 집단의 일부로서, 국가·지역사회 또는 인류로서의 우리 자신에 대해 말하기 위해
* 특정 장소, 개인, 사건, 생각에 대해 사람들을 교육하기 위해
* 사람들에게 과거의 역사를 교육함으로써 국가 정체성을 구축하는 집단 기억과 역사의식을 통합하고 함양하기 위해
* 미술사에서 정설처럼 공인된 지식의 실체나 전통을 창안하거나 강화하기 위해
* 미래 세대를 위해 특별히 중요한 유물을 보존하거나 보호하기 위해
* 이전 시간과 장소들에서 사람들이 소중하게 여겼던 것을 보여주고 그 이유를 설명하기 위해
* 개인, 집단, 도시, 국가의 사회적 지위, 그리고 지배를 분명하게 보

여주고 그들의 권력과 부를 기념하기 위해

* 우리가 다른 시대의 사람들과 어떻게 비슷하거나 다른지 보여주기 위해

* 문화간 상호비교를 통해 우리가 다른 공간의 사람들과 얼마나 비슷하고 다른지 보여주기 위해

* 세계관을 명시하거나 그것에 반대함으로써 사상과 신념의 전통을 창조하고 유지·강화하기 위해

* 사람들에게 발언권을 주고 시민권에 대한 생각을 육성하기 위해

* 사회 통합, 다양성, 복지, 행복, 다문화주의 등 현 정부 정책의 어젠다를 전달하기 위해

* 유물과 토론을 통해 논쟁의 포럼으로서의 역할을 하거나 분쟁지역에서 그러한 논쟁의 중립적인 안전지대를 제공하기 위해

* 기량, 장인 정신 또는 전문기술이나 과학기술의 업적을 보여주고 전시하기 위해

* 종료되고 상실되거나 탈바꿈된, 인정받을만한 개별 장소, 사람, 사건을 위해 헌정할 공간을 만들고 기억하기 위해

* 우리가 잊어버릴 것 같거나 결코 몰랐단 것을 말해주기 위해, 그리고 은폐된 역사에 관심 갖게 하기 위해

* 과거 사건을 잊을 수 있도록 하거나 대립을 피할 수 있도록 하기 위해

* 세상을 이해하는 방식인 지식을 구축하고 공인된 지식의 전통이라는 지위를 만들어내고 부여하기 위해

* 생각할 수 있고 실행할 수 있으며 존재할 수 있는 것을 표현하기 위해

* 물질문화의 관행에서 두드러지는 사회적, 문화적 규범을 규제하고 규율하기 위해

* 우리를 개혁하고 우리 상태를 개선하기 위해

* 국가나 지역사회 건설을 위해, 영토 분쟁지역에서 영토, 정체성, 역사의 범위를 설정하고 주장하기 위해

* 과거, 현재, 미래에 대한 집단의식에 형식과 공간을 부여하고 세대와 공동체에 걸쳐 사회의 집단적인 기억과 정체감에 기여하기 위해

* 탈공업화된 지역에서 경제 재생을 촉진하기 위해

* 문화관광을 꾀하기 위해

* 특정 장소, 개인, 회사 또는 국가에 대한 대중의 인식을 변화시키고 도시를 쇄신하기 위해

* 장소 조성사업의 일환으로 장소성을 연출하기 위해

이러한 박물관 설립목적 어디에서도 개인의 이익과 관련한 부분은 찾을 수 없다. 박물관은 국가와 사회의 번영 및 소통을 위한 공공기관이기 때문이다.

최근 젊고 자유분방한 큐레이터가 역사박물관 전시를 미술박물관처럼 아이템에 집중하도록 구성하기도 하는데, 그런 경우 필연적으로 아이템의 가치와 의미를 과장하게 된다. 역사박물관의 아이템 과장은 역사 왜곡으로 이어질 수 있다. 역사적 맥락과 아이템 사이의 스토리를 중시하는 역사박물관의 전시·교육 및 조직 운영 특징을 스포츠에 비견하면 축구·야구·농구·배구와 같은 단체경기라고 할 수 있다. 미술관은 상대적으로 씨름·육상·수영과 같은 개인경기라고 할 수 있을 것이다. 따라서 역사박물관의 전시·교육 및 조직을 미술관식으로 운영하는 것은 단체경기를 개인경기처럼 진행하는 것과 같아서 애초의 운영 목표에 도달하기 어렵다.

모르고 살면 좋은 속담

사촌이 땅을 사면 배가 아프다.

모로 가도 서울만 가면 된다.

말은 제주도로 보내고 사람은 서울로 보내라.

모난 돌이 정 맞는다.

사공이 많으면 배가 산으로 간다.

암탉이 울면 집안이 망한다.

굴러온 돌이 박힌 돌 뺀다.

II

대한민국에는 왜
박물관이 적을까?

2. 대한민국에는 왜 박물관이 적을까?

1) 한국 사회의 고민

경제협력개발기구OECD(Organization for Economic Co-operation and Development)는 세계 경제 질서를 논의하는 국제기구로서 매년 38개 회원국을 대상으로 국민 행복도를 조사해 세계 행복 순위를 발표한다. 2023년 3월에 발표한 세계 행복 순위 보고서에서 한국은 35위를 기록했다. 세계 10대 경제강국이라는 자부심에 비추어보면 매우 낮선 순위이지만, 해마다 비슷한 성적을 받아왔기에 이젠 크게 놀랍지 않다.

세계 3대 여론조사기관인 입소스IPSOS의 조사 결과도 비슷하다. 조사 대상 32개국 중 31위였다. 한국인의 행복도는 57%로서 세계 평균 73%보다 16%나 낮았다. 더욱 심각한 것은 한국인들이 느끼는 행복도가 점점 낮아지고 있다는 점이다. 2013년에는 행복도가 62%였고, 그보다 2년 전인 2011년에는 71%였다.

입소스 조사에서 평균적으로 세계인들은 자녀(85%)에게서 가장 큰 행복과 삶의 만족감을 얻는다고 답했다. 그다음은 파트너/배우자와의 관계(84%), 자연환경 접근성(80%), 교육수준(80%), 친척들과의 관계(78%), 친구관계(78%) 등 주로 인간관계를 중요하게 생각했다. 경제상황과 사회정치적 상황에 대한 만족도는 40%에 불과했다. 그런데 한국인의 대답은 미묘하게 달랐다. 자녀(78%), 파트너/배우자(73%), 친척들과의 관계(64%), 교육수준(60%) 등을 중요하게 생각하는 건 같았지만, 자연환경 접근성(56%)과 친구관계(56%)는 뉴스/정보 접근성(58%) 및 직장 동료 관계(58%)보다 낮았고 특히 경제상황(21%)은 압도적으로 낮았다.

세계인들은 모두 행복과 삶의 만족감에 영향을 주는 핵심 요소로서 '삶이 의미 있다고 느낄 때'(0.529), '삶이 잘 통제되고 있을 때'(0.527), '정신건강과 웰빙'(0.521), '사회/친교생활'(0.519), '생활수준'(0.507) 등 물질적 요소보다 내적·정신적 요소를 우선시했다. 그런데 삶의 만족도가 낮은 사람일수록 물질적 소유, 사회적 지위, 개인 재정상황 등 외적·물질적 요소에도 크게 반응했다.

한국인들은 어려울 때 의지할 수 있는 친구나 친척이 있다고 대답하는 비율이 다른 나라에 비해 매우 적었다(61%). 세계 평균(72%)보다 낮은 건 물론이고 설문 참여국 32개국 중 30위였다. 이는 OECD의 '삶의 질' 조사에서 한국이 가장 낮은 수치를 기록한 것과 일맥상통하는 대목으로서 한국의 사회 연계 지원이 매우 약하기 때문이라고 한다.

미래의 인간관계에 대해서도, 한국인들은 모든 관계에 부정적인 전망을 가진 것으로 나타났다. '좋은 파트너/배우자를 만날 수 있을 것'이라는 질문에 32개국 응답자의 평균은 -21%였는데, 한국인은 -58%로서 압도적인 부정이었다. '의지할 수 있는 가까운 친구를 만들 수 있을 것'(-45%) 역시 매우 부정적이었다.[1]

OECD가 2023년 11월말에 발표한 「한 눈에 보는 연금 2023Pensions at a glance 2023」보고서에 따르면, 대한민국은 66세 이상 노인 빈곤율이 40.4%로서 회원국 중 압도적 1위였다. 76세 이상 노인 빈곤율은 무려 52%에 달했다. 전체인구 빈곤율(15.3%)도 비교적 높아서 9위였지만, 노인 빈곤율은 그야말로 압

1) https://www.ipsos.com/ko-kr/; Ipsos>Innovation&Knowledge:Society> 세계에서 유독 낮은 한국의 행복 순위, 미래는 어떤 모습일까?(2023.7.26.)

도적이어서 5위 미국(22.8%), 6위 호주(22.6%)의 2배에 가까웠다. 2021년 기준 65세 이상 노인 평균 고용률도 34.9%로서 압도적 1위였다. 2위 일본(25.1%), 3위 미국(18.0%), 4위 호주(14.7%)였는데, 1위와의 차이가 매우 컸다. 2022년에는 대한민국의 65세 이상 노인 평균 고용률이 36.2%로 늘어났다. 이는 OECD 회원 38개국의 평균(15.0%)을 2배 이상 웃도는 수치이다.

대한민국의 2020년도 노인실태조사에 따르면, 노인이 현재 일을 하는 이유는 '생계비 마련' 73.9%, '용돈 마련' 7.9%, '건강 유지' 8.3% 등이었다. 65세 이상의 인구가 전체인구의 14% 이상이면 고령사회, 20%이상이면 초고령사회라고 부른다. 대한민국은 2024년말 초고령사회에 진입할 것으로 예상되는데, UN인구청UNPD에 따르면 2022년 기준 초고령사회에 해당하는 나라는 모두 22개국이다. 노인이 많은 나라에서 노인 빈곤율이 압도적으로 높다는 것은 소득 불평등이 그만큼 심하다는 뜻이다. 노인 5명 중 2명이 빈곤한 나라가 세계 경제 대국 10위권이라니, 그야말로 겉모습은 화려하지만 속은 부실하다는 뜻의 외화내빈外華內貧이다.

왜 이렇게 되었을까? 어떤 이들은 1997년 외환위기 또는 2008년 국제외환위기 무렵부터 한국 사회에 불로소득을 꿈꾸고 일확천금을 노리는 사람들이 크게 늘었으며 천민자본주의가 한국 사람들의 일상생활 속에 뿌리를 내렸다고 한탄한다. 오늘날 전세계에 불고 있는 K-Culture 열풍이 우리에게 여러모로 기대와 희망을 주고 있으나, 이미 우리 사회에 만연한 품위 없는 물질만능주의와 치열한 경쟁의식이 사람들의 욕망을 계속 자극하며 덩치를 키워간다면 훗날 뼈아프게 후회할 것이라고 경고한다.

(1) 능력주의 사회

한국을 능력주의 사회라고 규정하는 사람들이 많다. 고도화된 능력주의 사회라고 부르기도 한다. 일반인의 시사평론적 발언이 아니라, 한국사회의 문제점을 분석하는 학자들의 연구논문에 실린 내용이다. 2018년 한국리서치가 한국사회의 분배 정의에 대해 조사한 바에 따르면, 응답자의 66%가 '능력·노력 차이가 있다면 그에 따른 보수 차이는 클수록 좋다'는 데 찬성했는데, 이러한 의견은 응답자의 연령이나 소득과 관계없이 대개 비슷했다고 한다.

능력주의는 영어 meritocracy를 번역한 말이다. 메리토크라시라는 단어는 영국의 산업사회학자인 앨런 폭스Alan Fox가 1956년에 처음 사용했다. 이를 1958년에 영국의 사회학자 마이클 던롭 영Michael Dunlop Young이 능력은 지능과 노력을 합친 것이라고 새롭게 정의하면서 능력에 따른 자원 분배를 지나치게 강조하는 사회상을 비판하는 소설형식의 책을 출간한 뒤 널리 퍼진 것으로 알려진다.

능력주의란 대체로 개인의 능력과 노력, 성과와 업적에 따라 부·권력·지위를 보상하거나 차등분배하는 시스템이라고 할 수 있다. 부·권력·명예와 같은 사회적 재화를 어떤 사람의 타고난 혈통이나 물려받은 신분·계급이 아니라 재능과 자질을 갖춘 사람들에게 주는 것이 합리적이고 공정하다는 이념으로서 전근대 사회의 신분제에 대응하며 근대 자본주의 사회의 분배 정의를 대변하는 개념이다. 능력은 부모로부터 물려받는 신분과 달리 스스로 노력해서 얻는 것이기에 매우 공정하고 정당한 것이라고 믿으며, 특히 공직은 인맥·상속·재물이 아니라 지능과 노력을 합친 능력에 따라 분배해야 도덕적 정당성을 얻게 되고, 능력에 따라 성과와 보상이 주어져야만 공정하다고 여기는 시각이다.

능력주의의 특징은 대체로 5가지로 정리할 수 있다. 첫째, 능력에 의한 사회 지배이다. 이는 플라톤의 철인통치론까지 거슬러 올라가는 생각으로서 사회 각 분야에서 능력을 지닌 사람이 그 집단을 이끌어야 한다는 논리이다. 둘째, 능력 없는 사람은 지배받는 게 당연하며 능력에 따른 불평등은 어쩔 수 없다고 여긴다. 실패한 사람은 대가를 감수해야 공정하다는 논리이다. 셋째, 사회적 지위는 능력에 따라 주어진 것이므로 지위에 따른 권력 사용은 정당하며 이를 인정하는 것이 합리적이라고 여긴다. 넷째, 능력은 계급이나 집단이 아닌 개인에게 귀속되는 것이므로 특권계층이나 특권집단은 인정하지 않는다. 다섯째, 사회체제로서의 능력주의는 구성원들의 삶 전반에 영향을 미친다. 능력주의는 단순히 임금 차등에만 적용되는 것이 아니라 사회적 지위와 존경, 정치적 권력 등 모든 측면에 적용되므로 능력주의 사회에서 개인은 삶의 방식과 가치관을 능력주의에 맞추게 된다는 것이다.

능력주의가 근대 산업사회의 주도적인 시스템이 된 것은 일단 그것이 전근대적인 신분제적 분배체계보다 공정성과 효율성 측면에서 우수하기 때문이다. 능력과 성과에 따른 사회적 지위 및 재화 분배는 그 이전 신분제 사회에서의 정실주의 및 족벌주의에 비해 더 공정하고 효율적이며, 더욱이 노력에 의한 성취를 목표로 개인의 발전 동기를 자극한다는 것이 큰 장점이다. 이를 개인의 혜택과 공익이 조화를 이루게 하려는 시스템으로 이해하기도 한다.

그런데 능력주의는 매우 이상적인 이념이지만 현실에서 제대로 구현한 사회를 찾기 어려우며, 오히려 불공정한 불평등을 강화시키고 있다고 주장하는 이들이 적지 않다. 능력은 본질적으로 사회제도와 사회구조의 영향을 크게 받는 개념이다. 그래서 어느 나라, 어떤 환경에서 태어나고 성장했는가에 따라 저마다의 재능 또는 능력이 달라진다. 능력을 온전히 개인의 성취로만 볼 수는 없으며, 사회적, 환경적인 영향이 매우 크다는 점을 먼저 인정해야 한다는 것이다.

사실 능력에 따라 성과를 분배하는 것이 공정하다는 믿음 속에는 사회 전체에 파괴적인 영향을 끼치는 성질이 내포되어 있다. 능력에 따라 시험을 통과하고 일정한 권력을 얻게 되면, 자신은 그 권력을 쟁취하고 누릴 만한 자격이 입증되었으므로, 그 권력의 본질이 시험을 통과하지 못한 국민·시민에게서 나온다는 가장 기본적인 믿음과 그로 인한 책임감을 잃어버리기 쉽다. 그래서 능력주의는 사회적 계급의 굴레로부터 결코 자유로워질 수 없다. 능력주의가 발흥하는 사회는 자연스럽게 개인의 특정한 자유를 침식하기 때문이다.

능력주의가 만연하고 절대적 가치로 받아들여지는 상황에서는 지위 불평등이 더욱 공고해질 수 있다는 점도 문제이다. 능력주의 사회에서는 현재 위치가 능력에 따른 결과라고 가정하며 불평등상황을 정당화하는데, 그 능력 차이가 어디에서 비롯되었는지를 질문하지 않는 경우, 그리고 그 능력 평가가 폭넓은 영역으로 다양화하지 않고 특정 영역에 제한될 경우, 구조기능주의적 불평등을 고착시킨다는 것이다.

『정의란 무엇인가』의 저자 마이클 샌델Michael Sandel은 또 다른 저서 『공정하다는 착각』에서 능력주의 윤리가 승자에게는 오만을, 패자에게는 굴욕과 분노를 안겨준다고 지적하였다. 성공이 능력에 따라 결정된다는 믿음은 성공하지 못한 사람들을 좌절하게 할 뿐 아니라 사람들 사이의 연대의식을 해친다는 것이다. 능력을 소유하는 것과 그것을 인정하는 것은 다분히 우연적이며 사회적 맥락에 따라 결정됨에도 불구하고 그것을 온전히 개인의 책임으로 귀속시켜 능력을 지니지 못한 자들을 열등하고 시장 가치가 적으며 패배한 사람인 것처럼 생각하게 만들기 때문이다. 이는 사람들이 서로의 친밀한 애정 관계에서 얻게 되는 자신감, 도덕적 주체로서의 법적 인정에 따른 자존감, 개인의 능력과 업적에 대한 사회의 긍정적 가치평가를 기반으로 한 자부심 등이 어우러질 때 행복감이 높아진다는 단순한 사실을 저버린 우울한 사회의 한 단면이다.

그런 점에서 우리는 한국사회를 능력주의 신봉 사회, 초고도 경쟁사회로 평가하며 미래를 걱정하는 목소리에 귀를 기울여야 한다. 2004년 11월 취업정보포털 인크루트가 직장인 1,514명을 대상으로 실시한 설문조사에서 대상자의 83.8%가 '인맥은 능력'이라고 답했다고 한다. 2016년 여론조사에서는 청년 10명 중 7명이 '집안 등의 사회경제적 배경이 개인의 노력보다 성공에 더 중요하다'고 답했다는 지적도 있다. 이러한 인식은 변질된 능력주의, 새로운 계급주의라고 할 수 있다. 공정한 기회라는 능력주의의 기본 원칙을 져버리고 경쟁에서 무조건 이겨야 한다는 생각만 남은 것이며, 좋은 부모를 둔 것이 행운이 아니라 능력이라는 식의 지극히 봉건적인 사고방식을 고스란히 담고 있는 것이다. 이러한 봉건적 사고방식은 권력자의 부정부패에 둔감하고 매우 관용적인 태도로 자연스럽게 연결된다.

한국사회에서 능력주의는 직능단체의 이익을 변호하는 논리로 이용되기도 한다. 2020년 9월초 대한의사협회 산하 의료정책연구소는 정부의 공공의대 설립 정책을 반대하며 수능 시험지 형식의 홍보물을 제작 배포해 사회적 파문을 일으켰다. 「2020학년도 의료정책고사 문제지_공공의대 영역」이라는 제목 아래 첫 번째 문제는 '당신의 생사를 판가름 지을 중요한 진단을 받아야 할 때, 의사를 고를 수 있다면 둘 중 누구를 선택하겠습니까?'라는 질문이었고 선택지는 2개였다. ⓐ매년 전교 1등을 놓치지 않기 위해 학창시절 공부에 매진한 의사, ⓑ성적은 한참 모자라지만 그래도 의사가 되고 싶어 추천제로 입학한 공공의대 의사. 두 번째 문제의 질문은 '만약 두 학생 중 나중에 의사가 되어 각각 다른 진단을 여러분께 내렸다면 다음 중 누구의 의견을 따르시겠습니까?'였다. 선택지 2개는 ⓐ수능 성적으로 합격한 일반의대 학생, ⓑ시민단체장의 추천을 받아 시험을 치르지 않고 입학한 공공의대 학생. 이처럼 초·중·고교에서 내리 1등을 차지하고 대학수학능력시험에서 최상위권 성적을 거둔 학생만이 의사로서의 자질을 갖춘 것이라는 주장이 SNS를 통해 널리 알려지자 '비뚤어진 엘리트의식', '선민의식'이라는 비판이 들끓었다. 비판 중에는 "일단 이 문답을 만든 사람에게 진료받고 싶지는 않다. 의사씩이나 되어서 환자에게 '전교 1등'이었다고 우쭐거리는 사람을 인간적으로 신뢰할 수 있나"라고 되묻는 글도 있었다.[2] 능력주의가 한국사회에서 학업성적을 기반으로 형성된 직능단체의 탐욕과 어우러지면서 계급의식, 불신 및 분열, 경쟁지상주의 및 승자독식 등을 부추기고 있음을 시사한다.

2) CBS노컷뉴스. 2020.9.3. 이은지 "'전교1등VS공공의사'…여론과 동떨어진 의료계 여론전"

* 에피소드 : 학벌

나는 대학 4년 동안 등록금 전액 장학금을 받았다. 찢어지게 가난한 집안의 장남이었으므로 장학금 외에는 공부할 길이 막막하던 시절이었다. 대학을 졸업하고 대학원은 학비와 기숙사 숙식비, 그리고 책값까지 국가 장학금으로 지원하는 곳에 들어갔다. 지도교수는 한창 학계에 명성을 쌓고 있는 분이었는데, 박물관에서 오랜 기간 일한 경험을 꽤 자랑스러워했다. 그보다 더 자랑스러운 것도 있었다. S대학 출신으로서 이름난 학자는 동문이거나 교분이 있으며 관계 고위직에도 역시 마찬가지여서 웬만한 일은 문제도 아니라는 식의 자신감이었다. 내가 박사과정을 수료한 뒤에는 내게 가끔 "자네는 A대학이 낳은 인재 아니야? A대학이 좋아지려면 자리를 만들어줘야지"하고 덕담 아닌 덕담을 했다. 나는 그저 하늘 같은 지도교수의 말씀을 1시간이든 2시간이든 듣기만 했는데, 이미 들은 적이 있는 애기도 전혀 지루하거나 따분하지 않았다.

박사학위를 받고 얼마 지나지 않아서 나는 B대학의 교수 채용에 응모했다. 제출서류 항목에 지도교수의 추천서가 들어있어 말씀드렸더니 며칠 뒤 밀봉한 노란 봉투를 추천서라며 주셨다. 봉투 접지면에는 낯익은 작은 인장도 찍혀 있었다. 추천서는 원래 공개하지 않는 것이니 봉투째 내라고 하셔서 그렇게 했다. 무슨 내용인지 궁금하기도 하고, 지도교수님이 간혹 맞춤법을 틀린 때도 있어서 살짝 걱정됐지만 뜯어볼 수는 없었다.

예상대로 낙방했다. B대학은 내가 제출한 서류들을 모두 큰 봉투에 담아서 집으로 반송해주었는데, 그 안에 지도교수의 추천서도 있었다. A4 용지 1매에 깨알처럼 인쇄된 글을 읽으며 나는 감격했다. K는 검정고시를 거쳐 대학 4년간 장학생으로 지냈으며 대학원에 와서도 매우 성실히 공부했고 실력도 있다. B대학 교수로 임용되면 누구보다 성실히 연구하고 학생들을 지도할 테니 기회를 주시길 희망한다는 내용이었다. 나는 지도교수님의 속마음을 읽은 듯 뿌듯해서 그까짓 임용 탈락은 크게 아깝지 않았다.

몇 년 뒤 대학원장을 지낸 지도교수가 정년 퇴임했다. 후임을 뽑는다는 공고가 났는데, 당시 나는 시간강사로서 모교인 대학원에 출강하고 있었지만, 공고 내용에 관심을 두지 않았다. 대학원에서 십수 년을 공부하고 그 뒤로도 여러 가지 일로 왕래하는 동안 특정 학교 출신이거나 외국 유학 경험이 없으면 채용되기 어렵다고 느꼈기 때문이다. 그런데 어느 날 학과장이던 교수님이 지나가던 나를 불러세우더니 응시원서를 내보라고 권하는 것이었다. 의외였다. 갑자기 관심이 생겼다.

지도교수를 찾아가 후임교수 채용에 응시원서를 내도 되겠냐고 물었다. 교수는 하늘이 내는 자리라는 둥 선배들도 있다는 둥 빙빙 돌려 말씀하셨지만, 결론은 내지 말라는 뜻이었다. 마음 한켠이 서운했으나 그럼 그렇지 하며 싹싹하게 마음을 접었다. 그런데 며칠 뒤 먼 지방의 C대학 교수인 대학원 선배가 전화로 응시원서를 내보라고 종용했다. 자신은 원서를 낼 수 없으며, D대학 교수인 선배에게도 확인했는데 마찬가지라는 것이다. "우리 대학원에서는 K선생밖에 주자가 없으니 잘 생각하세요"라는 마지막 말이 마음을 움직였다.

대학원은 서류심사를 통해 3명을 공개 강의 후보로 선정했는데, 그 안에 내가 들었다. 공개 강의하는 날, 일찍 도착해서 교수 연구동의 유물작업실에 들어갔다. 발굴유물을 접합·관리하고 실측하는 곳으로 얼마 전까지 내가 매일 출근하다시피 하던 곳이었다. 그곳에 퇴임한 지도교수가 먼저 와계셨는데, 심사위원인 자신의 연구작업실에 오면 어떡하냐고 갑자기 역정을 냈다. 당황했지만 공정과 청렴을 유독 강조하는 분의 결벽증 때문이

려니 하고 서둘러 자리를 피했고, 공개강의까지 잘 마쳤다. 며칠 뒤 최종 면접 심사를 끝내고 평소 잘 아는 직원으로부터 내가 최종 선정되었으며 인사위원회 절차 중이라는 말을 전해 들었다. 나이 마흔 넘으면 교수 임용되기 어렵다는 말이 흔한 시기였다. 나는 나이 39세 턱걸이 임용에 깊이 안도했다.

평소보다 합격 통보가 늦어진다고 느낄 무렵, 교수 임용 후보 중 나만 탈락했다는 말을 전해 들었다. 인사위원회에서 대학원장이 강력히 반대해서 '적임자 없음'으로 처리한다는 것이다. 반대 논리는 자신의 후임을 뽑는 공개강의에서 심사위원인 퇴임 교수(내 지도교수)가 다른 심사위원들과 달리 지원자 3명에게 모두 낙제점을 주었기 때문이라고 했다. 내 지도교수가 대학 후배이자 평소 자신을 잘 따랐던 대학원장을 통해 반대 의사를 관철한 것이라는 말이 돌았다.

모든 상황이 끝난 뒤, 낙담한 나는 지도교수께 이메일 편지를 썼다. 생각하시는 것처럼 C·D선배에게 내가 먼저 응시서류를 내겠다고 한 게 아니고 반대 상황이었으니 오해를 거두시라는 내용이었다. 몇 달 뒤 지도교수로부터 만나자는 연락이 왔다. 점심식사를 함께 하면서 지도교수는 "미안하다"고 했다. 가슴 속 서운함과 억울함이 많이 녹아내렸다.

나의 불운을 동정한 것인지 한동안 주변 분들이 기회를 많이 만들어 주셨다. 여러 프로젝트에 참여하고, 박물관에도 취직했다. 몇 년이 지나 또 대학원에서 교수를 뽑으려 했다. 특수 목적의 사업비를 받게 돼서 뽑게 된 것이라고 했다. 이번에는 지도교수께서 적극적으로 추천해주었고, 공개 강의와 면접을 거쳐 최종 선정되었다. 인사위원회도 문제없었다. 그런데 갑자기 임용 절차가 중지되었다. 사업비를 편성해 준 기관 쪽에서 임용후보자가 기대한 인물과 다르다며 제동을 걸었다는 것이다. 보류 기간이 길어졌다. 1년 가까이 지날 무렵 지도교수께서 새로 부임한 기관 책임자를 찾아가 내 문제를 상의하시겠다고 했다. 예전에 매우 가까웠던 사람이니 아마도 말이 통할 것이라고 했다. 내심 기대가 일었지만, 박물관 일에 한창 재미와 보람을 느끼던 때였으므로 예전처럼 간절하지는 않았다.

얼마 뒤 지도교수로부터 만나자는 연락이 왔다. 기관 책임자를 오랜만에 만났는데 옛날 그 합리적이던 때와 많이 달라졌더라고 했다. 지도교수는 갑자기 "나는 이제부터 사람들과 일체 연락을 끊고 조용히 살 테니 자네도 연락할 필요 없어"라고 했다. 퇴임한 뒤 종종 자신이 쓴 논문을 내게 메일로 보내서 읽은 소감을 글로 보내달라고 했는데, 그것도 이제는 안하겠다고 했다. 점심식사를 함께한 뒤 주차장에서 배웅한 뒤에도 나는 그것이 마지막이라고 믿지 않았다. 그러나 정말 연락이 끊어졌다.

전화도 문자메시지도 메일도 응답이 없었다. 해마다 보내는 연하장과 명절 선물이 되돌아오지 않았으니 거주지는 변함없는 듯했지만, 나는 일부러 찾아가지는 않았다. 학벌 때문에 사람을 잃은 그분도, 학벌 때문에 인생이 바뀐 나도 그것이 서로에 대한 예의요 자존심이라고 생각했다.

세월이 한참 지나 코로나19 팬데믹이 잦아들 때쯤 지도교수께서 돌아가셨다는 소식을 전해 들었다. 장례식장에 들어서기 전 심호흡을 크게 하며 마음을 다스렸지만, 영정사진을 보자마자 눈물이 흘렀다. 내가 대학원에 드나들던 시절, 그때의 낯익은 얼굴로 미소 짓는 사진이었다.

(2) 불평등

한국 사회는 1997년 외환위기 이후 소득, 재산 등의 경제 영역에서 불평등이 급증한 것으로 알려진다. 경제 불평등이 점차 누적되고 구조화하면서 정치·사회·문화 분야에서의 불평등에 영향을 미치고 있다고 우려하는 목소리가 높다. 정당조직, 정치제도, 대중여론 등 민주주의의 주요 요소들이 경제 불평등과 경제권력의 독점화를 해결하지 못하거나 오히려 심화시키고 있다고 분석하기도 한다.

학계에는 민주주의와 평등이 긍정적 관계이며 민주주의가 발전하면 결국은 불평등도 완화된다는 견해와 민주주의가 경제성장이나 분배와 뚜렷하게 연결되지 않으며 민주화가 불평등을 약화 내지 완화하는지는 분명하지 않다는 견해가 아직 대립하고 있다. 그렇지만 민주주의와 불평등이 종종 상당 기간 공존한다는 데에는 대개 동의한다. 그리고 선진국의 사례를 통해 불평등이 저성장을 유발하고 민주주의를 저해할 뿐 아니라 자산 등에 유착된 불평등은 결국 사람들이 누리는 삶의 질을 떨어뜨리므로 정부가 나서서 소득을 재분배할 수 있도록 다양한 사회·경제적 장치를 개발해야 한다는 데에는 대체로 동의한다.

그런데 불평등의 객관적 변화 양상과 이에 대한 대중의 주관적 인식이 반드시 일치하는 것은 아니다. 경제적으로 불평등해지는 것과 불평등해지고 있다고 느끼는 것은 서로 다르다는 뜻이다. 불평등의 객관적 현실과 주관적 인식 사이의 관계를 살펴보면, 미국과 영국에서는 대중들이 불평등을 실제보다 과소평가하는 경향이 있고, 프랑스와 독일에서는 과대평가하는 것으로 조사되었다. 한국은 절대다수의 대중이 경제적 불평등 수준을 실제보다 과대평가하고 있다고 한다. 즉, 2009년경을 기점으로 소득과 재산의 객관적 불평등 수준은 오히려 감소하고 있거나 적어도 더 악화하지는 않는 것으로 학계는 분석하지만, 불평등과 공정성에 대한 논란은 점점 더 격화되고 있어 실제와 인식 차이가 더 벌어지는 듯하다는 것이다.

한국은 20여 년 전에 이미 경제적 불평등을 심각하다고 생각한 나라이다. 1999년 한국갤럽이 빈부격차의 심각성을 묻는 설문조사에서 75.6%의 응답자가 '매우 심각하다'고 답하고 17.8%의 응답자가 '약간 심각하다'고 답해서 불평등 문제를 심각하게 인식하는 응답자가 전체의 92.4%에 달했다. 2000년의 여론조사에서는 '정부가 빈부격차 문제를 잘 대처해왔다고 생각하는가'라는 물음에 '잘 해왔다'는 응답은 12.6%에 불과하고 '잘하지 못했다'는 응답이 무려 70.4%에 달했다. 이 무렵 한국의 실질국내총생산이 10.7%나 급등해서 OECD 평균 3.3%보다 월등히 높다고 긍정적으로 평가받던 시점이었다. 2003년 여론조사에서는 한국의 빈부격차 문제가 '매우 심각하다'(70%), '약간 심각하다'(19.3%)로 89.3%가 심각하게 생각했다. 그리고 같은 여론조사에서 빈부격차를 해소하기 위한 제도적 보완으로 가장 시급한 것은 '공정한 세금 부과'(28.2%), '일자리 창출'(25.2%), '부동산값 안정'(21.2%), '사회보장 확대'(11.5%) 순으로 응답하였다.

불평등에 대한 인식과 관련하여 흥미로운 분석이 있다. 소득과 재산 불평등의 실제 수준이 전세계에서 가장 높은 나라는 미국인데, 미국 사람들은 그러한 결과에 이르게 된 기회가 상대적으로 균등하다고 인식하고 있으며, 그러한 기회 속에서 이루어진 자원의 분배 과정과 절차 역시 공정하다고 믿기 때문에 불평등을 과소평가하는 경향이 있다고 한다. 반면, 한국은 이와 정반대로 경제적 불평등이라는 결과에 이르기까지의 기회가 균등하지 않을뿐더러 그 절차와 과정 역시 공정하지 않다는 인식이 널리 퍼져 있으므로 불평등을 실제보다 과대평가하는 경향이 있다는 것이다. 그리고 미국은 여전히 세대간 상승이동 가능성에 대한 기대가 높지만, 한국사회는 그 기대가 지속적으로 감소하고 있기 때문이라는 견해도 있다.

한국에서 2016년부터 2020년까지 매년 1,000~2,000명씩 8천여명을 설문 조사한 결과에 따르면, 불평등하다는 인식이 지속적으로 늘어났다. 특히 20대 여성과 30대 남성층에서 악화

양상이 두드러졌는데, 대체로 재산, 부동산, 비정규직 등의 문제가 불평등 인식에 직접적 영향을 미쳤다는 분석이 유력하다. 또, 2011년부터 2019년까지 한국사회의 불평등 지표를 조사한 연구에 따르면, 주택, 부동산, 실물자산, 금융자산 및 총자산의 모든 자산 형태에서 자산 불평등이 소득불평등에 비해 불평등 수준이 높게 나타났다. 이는 우리 사회의 불평등을 완화하기 위해 소득 중심 관점에서 벗어나 자산 등 삶의 영역을 포괄하는 다차원적인 관점에서 불평등 동향을 지속적으로 분석하고 취약계층과 고소득·고자산가 집단의 이질성을 완화할 수 있도록 경제정책을 펼쳐야 한다는 사실을 시사한다.

「2018년 사회갈등과 사회통합 실태조사」 자료를 분석한 연구에 따르면, 한국의 청년층은 소득 불평등이 심각하다고 느끼긴 하지만 자신의 처지와 가치관에 따라 대응인식이 다르다고 한다. 특히 인생의 성공 요인으로서 가족 배경 등 비능력주의적 요소의 중요도를 개인의 노력 등 능력주의적 요소보다 더 높게 받아들이고 있으며, 이러한 인식이 소득 불평등을 정당화하는 기제로 작동하는 경향이 있다고 지적한다. 그리하여 능력주의를 따르는 사람일수록 소득 불평등에 대한 문제의식은 낮아질 수 있으며, 특히 소득 불평등을 수용하고 정당화하는 경향은 중하층이나 중간층 청년집단에서만 현저하다는 것이다.

실제는 어떠할까? 2016년을 기준으로 할 때, 한국의 지니계수(소득불균등 지수)는 0.295로서 OECD 평균 0.315보다 약간 낮은 수준이며, 상위 10%의 점유소득은 하위 10%의 9.0배로서 OECD 평균 9.3배와 비슷하였다. 그러나 한국의 시장소득[3]과 가처분소득[4] 사이의 차이인 조세에 의한 불평등 완화효과(지니계수 감소)는 7.1%로서 OECD 평균 25.4%의 ⅓에도 미치지 못하였다. 조사대상 국가 30개국 중 칠레를 제외하면 각종 사회보장 제도나 조세감면 등을 통해 불평등을 완화하는 정도가 가장 낮은 것이다.

경제 불평등은 사회에 대한 불만과 사회적 갈등 요인으로 작용해 다양한 사회병리 현상을 야기한다. 저소득계층의 상대적 박탈감과 계층간 갈등을 유발하여 범죄와 같은 반사회적 행태로 표출되기도 하는데, 소득 불평등이 살인 범죄를 증가시킨다는 연구, 소득 불평등이 범죄 유형 중에서 특히 살인과 폭행 범죄 발생률을 높인다는 연구, 소득 불평등이 재산범죄와는 연관성이 없으나 강도·폭행과 같은 강력범죄와는 인과관계가 있다는 연구 등이 미국 등에서 자료 분석을 통해 제시된 바 있다. 국

3) 정부의 도움을 받지 않고 개인적 활동으로 벌어들인 소득.
4) 가계 수입 중에서 소비와 저축 등으로 소비할 수 있는 소득. 세금이나 보험료 등 비소비성 지출을 제하고 남은 금액을 가리킨다.

내에서도 소득 불평등과 절도 범죄의 연관성, 폭력 및 강간 범죄와의 연관성을 지적하는 연구가 여러 차례 발표되었다. 국내 총생산은 절도 및 폭력 범죄율과 연관성이 높고, 실업률은 폭력 범죄율, 소득 불평등은 절도 및 폭력 범죄율과 상관성이 높으며, 특히 소득 불평등은 살인, 절도, 폭력 순으로 범죄율에 미치는 영향이 크다는 연구 결과도 있다. 그에 따르면, 소득 불평등이 1% 상승할 때 살인, 절도, 폭력 범죄율은 각각 19%, 9.3%, 2.1% 정도 증가하는 것으로 조사되었다.

소득 불평등은 거주지역 및 공간을 제한하며, 결과적으로 지역의 인구 구조 불균등과 연결된다. 인구 구조 불균등이 지역의 소득 불평등에 상당한 영향을 미친다는 연구 결과가 있다. 또, 일본에서 도쿄와 주변 지역의 도시화 수준에 따라 지역민의 사망률에 차이가 발생한 것처럼, 한국에서도 건강 수준이 높은 저사망률 군집지역은 대부분 수도권에 집중 분포하는 반면, 건강 수준이 낮은 고사망률 군집지역은 대부분 비수도권 지역에 분포한다는 연구 결과도 있다. 지역 불평등과 건강 불평등이 존재한다는 뜻이다.

한국은 수도권 안에서도 지역 불평등이 다양한 분야에서 큰 격차로 존재한다. 예를 들어 인구 1,400만명인 경기도의 2023년도 예산은 33조원인데, 인구 950만명인 서울시의 2023년도 예산은 47조원이다. 2022년도 예산은 33조원(경기도청) vs 44조원(서울시청)이었고, 2021년도 예산은 28조원(경기도청) vs 40조원(서울시청)이었다. 인구는 경기도가 훨씬 더 많고 관할구역도 훨씬 더 넓은데 예산은 오히려 서울시가 해마다 10조원 이상 많은 것이다. 지난 수십 년 동안 이래왔으니 서울시와 경기도 사이의 생활환경 및 교통·시설 등의 엄청난 인프라 격차는 어찌 보면 당연한 일이다.

예산만 불평등한 것은 아니다. 서울시와 경기도의 공무원 숫자도 큰 차이가 있다. 2022년도 서울시청의 공무원 현원은 11,254명인데, 경기도청의 공무원 현원은 4,550명이었다. 서울시 산하 25개 구청의 공무원수까지 모두 합하면 47,452명인데, 직원이 비교적 많은 강서구(1,757명)·강남구(1,755명)·송파구(1,753명)와 직원이 비교적 적은 금천구(1,162명)·중구(1,231명)·종로구(1,292명) 사이의 격차가 그리 크지 않다. 반면, 경기도는 산하 31개 시·군청의 공무원수까지 모두 합하면 55,612명이고, 직원이 비교적 많은 수원시(3,810명)·용인시(3,371명)·고양시(3,378명)·성남시(3,290명)와 직원이 비교적 적은 과천시(595명)·동두천시(683명)·연천군(720명)·의왕시(755명)·가평군(794명) 사이의 격차가 매우 크다.⁵⁾ 이처럼 같은 수도권이라고 할지라도 서울시와 경기도는 지역별로 기본 조건이 현격히 다르고 불평등하기에 어떤 한가지 지표를 고루 적용하기도 어렵다.

이밖에 한국에서 기후변화로 발생한 홍수 때문에 반지하 주택에서 대피하지 못하고 익사한 사례, 한여름 쪽방촌의 높은 실내 온도 때문에 피해를 입은 사례 등 재난 불평등을 지적하기도 한다. 최근에는 코로나19 때문에 많은 국가, 많은 지역에서 감염·사망·빈곤 등 다양한 불평등이 발생한 사례를 시시각각 미디어 뉴스로 접하고 있다. 그리고 한국사회의 고질적인 문제로서 성별 불평등을 지적하는 목소리는 여전히 줄지 않고 있다.

---

5) 행정안전부, 2023, 『지방자치단체 공무원 인사통계(2022.12.31.기준)』, 7~9쪽.

* 에피소드 : 누명

벌써 20여년 지난 옛일이지만 아직도 가슴 한켠에 묵직하게 남아 이따금 탄식하게 하는 일이 있다. 어느 날 국가연구기관에서 일하는 학교 선배 A로부터 연락이 왔다. 외국 어느 나라의 어느 주제에 관한 논문들을 목록화하는 데이터베이스 구축작업을 추진하고 있는데, 목록작업을 해달라는 것이다. 당시 나는 다른 일로 시간에 쫓기고 있었으므로 크게 내키지 않았지만, 당신은 그 나라 말에 익숙해서 쉽게 할 수 있고 다른 전공자 B도 함께 하므로 금방 끝낼 수 있으니 이번 기회에 생활비를 좀 벌어두라는 선배의 권유에 못이겨 억지로 일을 맡았다.

목록작업은 그리 어렵지 않았고 작업량을 계산해서 바로 적절한 금액으로 정산하는 방식도 나쁘지 않았다. 그러나 문제는 시간이었다. 당시 나는 논문작성 등으로 시간에 매우 쫓기고 있었기 때문에 목록작업을 기한 내에 마치지 못할 때도 있었다. 그래서 공동작업자인 B에게 전화해서 지금 50% 대 50%로 할당 주제가 나뉘어져 있는데 40% 대 60% 또는 30% 대 70%로 조정해줄 수 있느냐고 부탁했다. 겨우겨우 작업 할당량을 채우고 있던 나와 달리 지금껏 너무나 성실하게 작업 진도를 진행해온 공동작업자 B는 흔쾌히 수락해주었다.

그러던 어느 날 선배 A에게서 전화가 걸려 왔다. 왜 ㉮영역과 ㉯영역 작업을 네가 아닌 B가 하느냐는 말이었다. 내가 시간에 쫓기고 있어서 일을 더 잘하는 B에게 부탁했다고 말하니 선배는 일단 알았다고 했다. 그런데 몇 분 뒤 다시 전화가 걸려 왔다. "왜 지금까지 K(나)선생이 하던 ㉮영역과 ㉯영역 작업을 B선생이 하고 있어?" 아까와 똑같은 질문이었다. 나는 어리둥절해하며 아까와 똑같은 대답을 하려는데, 수화기 너머에서는 내 말이 안들리는 듯 엉뚱한 말이 이어졌다. "그러니까 B선생이 ㉮영역과 ㉯영역 작업을 자기가 하겠다고 해서 넘겼다는 말이지?" 나는 크게 당황했다. "아니 선배님, 그게 아니고 제가 시간에 쫓겨서…" 나는 허둥지둥 똑같은 말을 반복할 뿐이었다. 그러나 선배 A는 내가 말하는 중에도 자기 말만 했다. "알았어. 그럼 이제 마지막 단계니까 그렇게 정리해서 끝냅시다." 그리고 전화를 끊었다. 내 머릿속이 하얘졌다.

한참 뒤 공동작업자 B가 전화로 내게 따져 물었다. 자기에게 일을 맡긴 학교 선배 C가 "왜 그렇게 욕심 사납게 굴었냐"라며 막 야단쳤다는 것이다. 억울하다, K가 부탁하길래 들어주었을 뿐이다라고 얘기해도 C선배는 사무실에서 동료 A가 K와 통화하는 내용을 옆에서 다 들었다며 왜 상황을 그렇게 만들었냐고 야단쳤다고 한다. 나는 아무 말도 할 수 없었다. 그저 죄송합니

다, 오해가 있지만 지금은 설명드리기 어렵습니다 라는 말만 할
수 있었다.

　며칠간 밤잠을 설쳤다. 선배 A로부터는 전화가 일체 없었지
만, 나도 굳이 따져 물으려 하지 않았다. 단지 너무나 억울해서
쉽게 잠들 수 없을 뿐이었다. 나보다 훨씬 더 억울할 조용한 성
품의 B에게 미안하기도 하고 창피하기도 해서 어찌할 바를 몰
랐다.

　그런데 2~3년쯤 지난 어느 날, 내가 참여하는 연구프로젝트
발표장에서 우연히 B를 만났다. 나는 발표자 중 하나였고, B는
프로젝트를 돕는 간사라고 했다. 어색하게 인사한 뒤 내가 예전
일에 대해 간단히 설명하려고 하자, B는 다 지난 일이라며 다시
얘기하고 싶지는 않다고 했다. 나는 말문이 막혀서 그냥 고개만
숙이고 헤어져 내 자리로 돌아왔다. 잠시 후 내 발표 순서가 되
었는데, 나는 더듬더듬 떨면서 말하느라 그야말로 엉망진창으
로 발표했다. 그 자리에 기라성같은 학자들이 많아서가 아니었
다. 그저 그 자리가 한없이 부끄러워서 벗어나고 싶다는 마음뿐
이었다.

(3) 사회갈등

갈등이란 칡과 등나무가 서로 복잡하게 얽히듯이 개인이나 집단 사이에 목표·처지·이해관계 등이 달라서 서로 적대시하거나 충돌하는 것으로서, 일반적으로 불만, 결핍, 불평등, 문화적·윤리적 차이, 권력의 불균형적 배분 등에 의해 촉발된다. 사회 갈등은 사회구성원 사이의 신뢰를 위협하며 갈등 참여자와 주변 사람의 개인 역량뿐 아니라 사회의 경제질서, 사회적 관계 등을 포함한 사회적 협력 역량을 파괴 또는 감소시킬 수 있다. 부정적 갈등은 물리적, 언어적, 감정적 형태의 폭력을 포함하는데, 이것이 갈등 참여자와 주변 사람들이 자기 의견을 잘 표현하지 못하게 억제하거나 믿고 화합하지 못하도록 방해하며, 오히려 불신과 증오를 더욱 부추기고 상황을 악화시키는 것이다.

한국사회는 여러 전문가들이 갈등공화국이라고 부를 정도로 갈등이 만연할 뿐 아니라 일단 발생하면 잘 해결되지 않고 지속하는 특징이 있다. 특히 한국에서 집단 사이의 갈등은 서구사회에 비해 더 다층적이고 복합적이며 동시다발적인데, 계층, 지역, 세대 등의 갈등요인과 이념갈등이 결합하기 때문이라고 흔히 지적한다. 그리하여 2013년 이후 계속해온 한국사회갈등해소센터 조사에서 매년 응답자의 90% 이상이 우리 사회의 집단 갈등이 심각하다고 답변하였으며, OECD 가입국을 중심으로

한 국제조사에서도 한국의 사회갈등지수는 매번 최하위권에 머물고 있다. 그리고 정치·행정 부문의 갈등 관리 역량도 악화하는 추세라고 한다.

2022년에는 영국 킹스컬리지가 여론조사기관인 입소스에 의뢰해 발간한 보고서에서 한국을 '갈등 세계 1위'라고 명시하여 이목을 집중시켰다. 전세계 28개국 시민 2만 3천여 명을 대상으로 빈부격차, 지지정당, 정치 이념 등 12개 갈등 항목에 대해 얼마나 심각하다고 느끼는지를 조사했는데, 한국이 7개 항목에서 '심각하다'고 응답한 비율이 세계 1위를 차지했다는 것이다. 특히 빈부격차에 따른 갈등이 심각하다고 응답한 비율은 무려 91%에 달했다. 같은 항목에 대한 전세계 평균은 74%였다. 한국은 성별과 나이 갈등에서도 압도적 1위를 차지했다. 성별과 나이 갈등이 심하다고 대답한 비율이 28개국 평균은 40% 정도였는데, 한국은 둘 다 80%에 달해서 2배 정도 높았다. 한편, 영국 BBC가 입소스에 의뢰해서 조사하고 2018년에 발표한 보고서에서는 27개국 중 한국이 빈부갈등 4위, 세대갈등 2위, 남녀갈등 1위를 차지한 바 있다. 국내 기관의 조사결과도 크게 다르지 않다. 전국경제인연합회(전경련)는 2021년에 한국의 정치·경제·사회 분야 갈등 지수가 OECD 30개국 중 최하위권이고 갈등

관리 능력은 27위라고 분석한 자료를 발표했다.[6]

한국사회의 갈등은 몇가지 특징을 지닌다고 한다. 첫째, 갈등 발생의 빈도가 점점 높아지고 장기화되고 있다. 둘째, 공공갈등이 사회갈등의 지배적 유형이 되고 있다. 셋째, 지방자치단체와 관련한 갈등이 증가하고 있다. 넷째, 똑같은 갈등이 반복적으로 발생하고 있다. 다섯째, 다발적 갈등의 원인에 대한 진단과 해법이 없다. 여섯째, 법에 의존해 갈등을 해결하려는 사례가 점점 증가하면서도 법적 판단에 복종하지 않고 계속 소송을 제기하는 현상이 늘어나고 있다.

갈등은 여러 경로를 통해 경제에 영향을 미치며 정책 현안 과제를 수행하는 과정에서는 다양한 갈등비용을 발생시킨다. OECD 27개국을 대상으로 사회갈등지수가 1인당 국민소득에 미치는 영향을 분석해보니, 사회갈등 때문에 1인당 GDP의 27%를 갈등비용으로 지출하고 있다는 연구 결과가 있으며, 고정효과Fixed effect 분석에서 OECD 국가의 사회갈등지수가 10% 감소할 때 1인당 GDP는 1.79% 증가하고 임의효과Random effect 분석에서 사회갈등지수가 10% 증가할 때 1인당 GDP는 1.46% 감소한다는 연구 결과도 있다. 2015년 한국의 갈등지수

---

6) MBC뉴스데스크 2022.3.18. 전준홍 "[알고보니] 우리나라 '갈등'이 세계 1위?"

(1.02)가 스웨덴의 갈등지수(0.21)로 감소하게 되면 한국의 1인당 GDP는 당시의 34,178달러에서 38,635달러로 증가해 스웨덴 국민소득(45,679달러)과의 격차가 줄어들게 된다고 분석한 보고서도 있다. 한마디로 한국 사회는 경제적으로 더 풍요로울 수 있는데 갈등 때문에 그렇지 못하다는 것이다.

그런데 갈등이 반드시 나쁜 것만은 아니다. 갈등은 그 사회의 문제점을 드러내 근본 원인을 분석하고 해결책을 고민하게 만들며, 사람들의 욕구를 충족시키는 긍정적 해결책을 찾게 한다. 그리고 그 과정에서 새로운 질서를 추구하고 사회 변화를 촉진하는 동력을 만들어내기도 한다. 긍정적 갈등은 사람들 사이에 형성된 신뢰를 바탕으로 참여한 사람들이 자신의 의견을 표현할 권리를 보장함으로써 상황을 개선한다. 또, 건설적 갈등 처리는 사회제도, 문화 및 갈등을 평화적으로 관리하는 능력에 대한 그 사회의 자신감을 강화해준다. 문제는 갈등 참여자들이 갈등을 해소 또는 전환하기 위해 어떤 태도, 어떤 방식을 선택하느냐에 달렸다. 그리고 제3자의 입장에서도 객관성이 보장될 수 있도록 갈등현상을 적절한 수준에서 쟁점화해야 한다. 사회 구성원이 모두 갈등 발생을 당연하게 여기고 그 갈등이 사회 발전에 도움이 되도록 다루는 방식을 찾는다면, 합리적 절차와 과정으로 갈등을 해소 또는 전환할 수 있을뿐더러 긍정적 사회 변화를 촉진할 수 있을 것이다.

갈등 해결의 기본 설계에는 예방 및 관리 프로그램이 포함되는데, 최종 목표에 도달하는 방식은 갈등 참여자가 참여하는 합의 절차 및 규칙 결정 과정을 통한 합의가 일반적이다. 상호간의 합의 도출을 위해서는 전문가 의견을 수렴하는 합의회의, 시민참여를 구조화하는 시민배심원제도, 각 분야별 주요 행위자의 참여를 통한 시나리오 워크숍, 행정규제에 관한 협상, 대표성을 지닌 집단 간의 토론과 공론조사 등 다양한 프로그램을 활용할 수 있다.

갈등 해소 또는 전환의 가능성과 역동성은 갈등을 다루는 사회 역량과 연관되어 있다. 일반적으로 이러한 역량은 과거에 갈등을 평화적으로 다룬 경험과 전통이 있는 사회, 제도가 타당하고 규칙과 규범이 통용되는 사회에서 높은 편이다. 그런데 한국사회는 협상문화가 미숙하여 갈등 해결 방법의 기본 틀을 마련하지 못한 채 주로 권위주의적 전통가치 등 정서적 차원에서 해결하려는 경향이 있다고 지적받는다. 한국사회의 위계질서 등 권위주의적 전통가치가 구조적으로 협상문화가 형성될 토대를 미약하게 만들었다는 것이다. 또, 논리보다는 정서와 감성을 중시해온 문화적 전통, 투명성 원리보다는 융통성 관행을 우선시하는 태도 때문에 갈등 해결 과정에 대한 예측 가능성이 뒤떨어지는 경향이 많다고 분석하기도 한다. 그리하여 한국사회가 서구에 비해 미숙한 민주화 및 시장화 방식으로 투기 등 천민자본주의에 의한 도덕적 해이 현상을 차곡차곡 쌓아왔다는 것이다.

갈등을 해소 또는 전환하려면 외부 인사의 중재보다 사회 내 여러 집단의 지원과 협력을 강조하는 종합적이고 광범위한 접근이 필요하다. 갈등발생 이전부터 갈등해결 이후까지 오랜 기간 다양한 계층과 영역에서 갈등을 증폭시키는 요인은 물론 갈등을 해결하고 평화를 구축하는 요인도 함께 고려해야 하는 것이다. 이에 따라 정치인·학자·NGO뿐 아니라 풀뿌리단체, 인권단체 등의 역할이 커졌으며, 최종 성과뿐 아니라 과정 및 구조의 중요성이 더욱 커지고 있다.

* 에피소드 : 공감능력

직장 동료 중에 나를 미워하는 사람이 있었다. 옆 부서 사람이었는데, 언젠가부터 유독 나를 냉랭하게 대하더니 내가 총괄하는 부서의 일에도 비협조적인 태도를 자주 보였다. 부서 직원들이 무슨 일 있었냐고 내게 물을 정도였지만, 딱히 짚이는 곳도 없었다. 어느 날 그를 점심 식사에 초대하고 내가 무슨 실수를 했는지 직접 물어보았다. 그는 자신이 얼마 전 어떤 일을 내게 요청했을 때 내가 짜증 섞인 태도를 보였노라고 말해주었다. 나는 잘 기억하지 못한 일이었지만 고개 숙여 사과했다. 그도 미소로 답하고 식사를 잘 마쳤다.

그런 뒤에도 그의 비협조는 여전했다. 오히려 점점 더 심해져서 내 담당 부서의 직원들이 점점 더 힘들어했다. 미움의 원인을 도통 찾지 못하던 나는 한참을 벙어리처럼 지낸 뒤 비로소 짐작하기 시작했다. 그가 진짜 미워한 사람은 내가 아니라 내부서의 조용한 고참 직원이라는 생각이 들었다. 예전에 서운했던 경험이 있는 그 직원의 진급을 내가 돕는다고 느끼자 미움의 반경이 넓어지고 중심점이 잠시 옮겨진 것 같았다. '때리는 시어미보다 말리는 시누이가 더 밉다'는 속담을 생각했다.

시간이 지나면서 옆 부서와 부서원들끼리 감정적으로 충돌하는 일이 잦아졌다. 대개는 서로의 입장이나 의도를 오해해서 생긴 충돌이지만, 그 오해조차 같은 부서원들끼리는 서로 감싸주고 상대 부서를 탓한다는 느낌을 받기도 했다. 미움의 공감대, 그것이 당시 우리 모두를 괴롭혔다.

뇌과학 전문가에 따르면, 공감은 정서적 공감과 인지적 공감으로 나뉜다. 정서적 공감은 감정적으로 즉각 반응하는 것이고, 인지적 공감은 논리적 사고로 상대의 입장을 헤아려 반응하는 것이다. 사람은 이 두 가지를 모두 가지고 있지만, 뇌 안에서 작동하는 매커니즘이 달라서 어떤 경우는 정서적 공감이 앞서고, 어떤 경우는 인지적 공감이 앞선다고 한다. 당시 우리를 괴롭힌 것은 정서적 공감과 인지적 공감 중 어느 쪽이었을까?

요즘 유행하는 MBTI를 대할 때, 사람들이 즉각적으로 반응하는 감정적, 정서적 공감만을 중시해서 인지적 공감을 무시하는 경우를 종종 보았다. 우리가 정서적 공감만을 좇으면 자칫 인종, 성별, 국가, 종교 등 공감의 반경 기준을 매우 좁혀서 사물과 상황을 인식하는 시각을 매우 편협하게 만들 수 있다.

독일에서는 민주시민의 3대 능력으로 '권력의 억압에 대해 저항할 줄 아는 능력', '사회적 불의에 분노할 줄 아는 능력', '타인의 고통에 공감할 줄 아는 능력'을 꼽는다고 한다. 이때 타인의 고통에 공감할 줄 아는 능력은 가족이나 가까운 이웃의 고통에 공감하는 능력만을 가리키는 게 아니다. 내가 알지 못하는 사람, 나와 관계없는 사람까지도 포함해서 고통의 무게를 가늠할 줄 알아야 한다는 것이다. 그런데 한국에서는 "아내와 남이 싸우면, 설사 아내가 잘못했다손 치더라도 일단 아내를 편들어 마음을 달래주는 것이 남편으로서 지혜로운 태도요 공감 능력자"라는 대중강연을 TV를 비롯해 어디서든 쉽게 들을 수 있다. 그 말에 박장대소하며 공감하는 사람이 아주 많다.

나는 이처럼 작은 공감 능력을 키우려다가 우리 사회의 큰 공감 능력이 가려지고 공·사가 흐려진다고 생각하는 사람이다. 요즘 우리 사회가 작은 공감에 집착해서 남편을 편들고, 아내를 편들고, 자식을 편들고, 가족을 편들다 보니 점점 더 공공의식이 흐려지고 부패지수가 높아져서 큰 문제라고 생각한다. 그래서 쉽게 공감할 수 없는 대중강연의 그 말도 코미디의 한 대목처럼 여기며 그냥 웃고 지나치고 말지만, 주변 사람들이 노골적으로 정서적 공감부터 요구하는 경우가 적지 않아 '대략 난감'이다.

(4) 사유 없는 교육

2013년에 대한민국 보건복지부는 전국에서 18세 미만 아동이 있는 집 4,007가구를 대상으로 '2013년 한국 아동 종합 실태조사'를 진행했다. 이듬해에 발표한 결과에 따르면 한국 아동의 '삶의 만족도'는 100점 만점에 60.3점으로, OECD 회원국 중 최하위였다. 아동 삶의 만족도가 세계에서 가장 높은 나라는 94.2점의 네덜란드였다. 그 뒤에 아이슬란드(90.2), 핀란드(89.8), 그리스(89), 벨기에(88.5), 노르웨이(88), 에스토니아(87.1) 등이 있었고, 중하위권인 미국과 독일은 나란히 84.2점이었다. 꼴찌 한국보다 한 단계 위인 루마니아도 76.6점으로서 한국 점수와 16점 이상 격차를 보였다. 심지어 한국에서는 12~17세 아동의 3.6%가 심각하게 자살을 생각한 적이 있다고 답했으며, 그중 25.9%는 실제 자살을 시도한 적도 있다고 해 충격을 주었다. 이런 아동들의 스트레스 요인은 부모 소득별로 차이가 있었는데, 일반 가구의 아동들은 학업, 교육을 주요 요인으로 꼽았으며, 빈곤가구 아동들은 돈, 부모와의 갈등, 열등감, 외모 등을 스트레스 요인으로 꼽았다.[7]

이러한 실태조사 결과를 분석한 연구에 따르면, 삶의 만족도,

---

7) 헤럴드경제 2014.11.5. POPnews "한국 아동 삶의 만족도, OECD 꼴찌.. "자살 생각도.." 충격"

가족관계, 교육적 웰빙, 건강 웰빙 등 4영역을 합한 한국 아동의 주관적 웰빙 수치는 93.59점이었다. OECD 회원국 30개국 평균을 표준화하여 100점으로 가정했을 때의 점수로서 28위에 해당하는데, 최고인 네덜란드는 116점, 최저인 미국은 89.9점이었다. 한국 아동은 객관적인 물질적 수준은 양호하지만 심리적 수준은 매우 열악하고, 정신건강에 비해서 신체적 건강에 대한 의식 수준은 다른 나라보다 양호한 것으로 나타났다. 삶의 질 분야에서 주관적 웰빙은 학년이 올라갈수록 낮았고, 행복감도 초등학생에 비해 중고생이 낮았다. 삶의 만족도도 초등생에 비해 중고등생이 낮았다. 삶의 질에 영향을 많이 주는 요인은 관계적 요인과 심리특성인 자존감, 학업스트레스, 가족구조 등이었다. 주관적 웰빙 모델에서는 학업스트레스 영향력이 가장 컸고, 교사와의 관계도 비교적 영향력이 컸다. 또, 사교육은 부모의 양육 스트레스를 높이고 청소년기 아동의 행복감을 감소시키는 것으로 나타났다. 6~11세 아동에게는 방과후 취미문화 이용이 행복감을 예측하는 요인이었으며, 12~18세미만 아동에게는 사교육 여부가 행복감의 중요한 결정요인이었다. 이에 연구진은 한국 아동의 삶의 질을 높이기 위한 정책과제로서 가족·교사·친구와의 관계 질 개선, 자존감 제고 및 자신의 가치에 대한 긍정적 시각, 학업스트레스 완화, 취미문화 활동 참여 및 사교육 감소와 같은 양육환경 개선, 빈곤아동 지원방안 마련 등을 제안했다.

한국 아이들은 왜 자신이 행복하지 않다고 느낄까? 주요 원인 중 하나인 학업 스트레스는 서열화된 대학과 그에 종속된 입시경쟁 교육, 단순주입식 교육방식이 빚어낸 문제의 한 단면일 뿐이다. 한국의 교육 현장에 만연한 주입식 교육은 학습자가 스스로 탐구할 수 있는 기회를 주지 않는다. 학습자는 일방적으로 지식을 받아들이는 수동적 입장에 불과하므로 어떤 문제를 해결하거나 탐구하는 자세 또는 습관을 갖기 어렵다. 그저 단순 암기와 반복훈련을 통해 시험문제와 성적에는 유용하지만 현실 문제에는 적용하기 어려운 죽은 지식들을 머릿속에 잠시 쌓아둘 뿐이다. 그래서 왜? 라는 질문을 하기 어렵다.

왜? 라고 묻지 않고, 또 물을 수 없는 상황에서는 스스로 깊이 생각할 수 없다. 스스로 사유思惟하지 못하면 자기가 무엇을 원하는지, 어떻게 해야 하는지 모를뿐더러 다른 이의 아픔과 슬픔에도 공감하지 못한다. 제2차 세계대전 때 히틀러의 명령을 받고 유대인 대량학살에 열정적으로 참여했다가 전쟁이 끝난 뒤 몰래 아르헨티나로 도주했으며 1960년에 체포되어 이스라엘 지방법원에서 재판을 받은 아돌프 아이히만A. Eichmann이 대표적인 사례이다.

독일 출신의 미국 정치이론가인 한나 아렌트Hanna Arendt는 기자 신분으로 아이히만의 재판을 참관한 뒤 쓴 『예루살렘의 아이히만: 악의 평범성에 대한 보고서』에서 다음과 같이 갈파했다.

> 자신의 개인적인 발전을 도모하는 데 각별히 근면한 것을 제외하고, 그는 어떤 동기도 갖고 있지 않았다. 그리고 이러한 근면성 자체는 결코 범죄적인 것이 아니다. … 그는 어리석지 않았다. 그를 그 시대의 엄청난 범죄자들 가운데 한 사람으로 만든 것은 순전한 무사유無思惟였다.

인간이 악행을 저지르지 않으려면 자신을 성찰하는 정신활동을 해야 하는데, 아이히만은 생각하지 않고 국가·정부가 시키는 일을 성실히 함으로써 자율적 인간 행위자로서의 정체성과 양심을 급격히 상실했다는 것이다. 무엇이 옳고 그른지, 내가 어떻게 행동해야 하는지에 대한 기준은 내 주위에서 공유되고 있는 습관이나 관습에 있는 것이 아니다. 신성하다고 생각하는 종교라든지 인간적 연민을 자극하는 명령이나 지시도 내 판단과 행동의 기준이 될 수 없다. 나와 관련한 문제는 오직 내가 생각하고 내가 결정하는 것이다. 외워서 할 수 있는 일이 아니다. 그

런 점에서 한나 아렌트의 말은 우리에게 사유의 중요성을 일깨
워준다.

악이 결코 근본적이지 않다는 것, 악은 단지 극단적일 뿐 어떤 깊이
나 악마적 특성도 가지고 있지 않다는 것이 진정한 지금의 제 의견입
니다. … 생각이란 어떤 깊이에 도달하고 뿌리로 내려가려 하는 것이
기 때문에, 악은 '생각의 중단'입니다. 생각이 스스로 악과 관계를 맺
는 순간, 거기에 아무 것도 없기 때문에 당황하게 됩니다. 그것이 악
의 평범성입니다.

같은 시기 독일의 사회학자 아도르노Theodor Ludwig
Wiesengrund Adorno는 문화산업의 산물들이 대중에 대한 정치·
사회적 통제를 강화하고 자본주의 체제의 현상유지에 순응하
게 만든다고 비판하면서 프랑크푸르트학파와 함께 민주주의 교
육, 이데올로기 비판 교육, 반권위주의 교육, 저항권 교육, 공감
교육, 과거청산 교육 등 교육 개혁을 역설하였다. 그와 프랑크
푸르트학파의 주장은 1970년대 교육개혁을 통해 독일의 새로
운 교육원리로 정착하였는데, 민주시민의 주체적 판단 능력을
기르기 위한 비판교육과 공감교육이 핵심이다. 그 결과, 2015년
시리아 내전으로 갈 곳을 잃은 수백만 명의 난민 가운데 불과

수만 명을 수용한 영국과 프랑스에서는 반대 시위와 반대투표
가 격렬히 일어난 반면 정작 115만 명을 수용한 독일에서는 난
민수용정책을 펼친 정당이 선거에서 승리하는 일이 벌어졌다.
이를 아도르노가 『성숙을 위한 교육』에서 주장한 교육적 지향
점들이 정착한 효과로 보기도 한다.

2) 선진 경제, 후진 문화

2023년 7월 한국은행이 발표한 2022년도 대한민국의 명목
국내총생산GDP은 16,733억 달러로서 전세계 13위 수준이었다.
1위인 미국은 254,627억 달러, 2위 중국 178,760억 달러, 3위 일
본 42,256억 달러, 4위 독일 40,752억 달러, 5위 영국 30,798억
달러, 6위 인도 30,096억 달러, 7위 프랑스 27,791억 달러, 8위
캐나다 21,436억 달러, 9위 러시아 20,503억 달러, 10위 이탈리
아 20,105억 달러, 11위 브라질 18,747억 달러, 12위 호주 17,023
억 달러 순으로 이어졌다. 14위 스페인은 15,207억 달러, 15위
멕시코는 14,597억 달러였다.

명목 GDP란 한 나라에서 재화와 서비스를 얼마나 생산했는
지 알려주는 지표로서, 그 나라의 경제 규모를 나타내며, 그 해

세계 경제규모 순위

국내총생산(GDP) 규모(6월 1일 기준), 시장환율 적용

미국	1	25조4,627억 달러
중국	2	17조8,760억
일본	3	4조2,256억
독일	4	4조752억
영국	5	3조798억
인도	6	3조96억
프랑스	7	2조7,791억
캐나다	8	2조1,436억
러시아	9	2조503억
이탈리아	10	2조105억
⋮		
한국	13	1조6,733억

한국 GDP 순위 추이

자료:한국은행

ⓥ 연합뉴스

김영은 기자 20230712

의 시장가격을 기준으로 집계한다. 대한민국은 2005년 처음 10위를 기록한 뒤 줄곧 10위권 밖에 있다가 2018년에 다시 10위로 올라섰으며, 2019년에는 12위, 2020년과 2021년에는 다시 10위를 기록한 바 있다. 한국은행 자료가 발표되자 언론들은 일제히 한국의 경제규모가 3계단이나 하락한 것은 전반적인 성장 활력이 떨어졌기 때문이며

국제비교(명목 GDP)

◆ 2022년 우리나라의 경제규모는 13위 수준인 것으로 보임

(단위: 억US달러, 시장환율 적용)

국 가 명	순위	금 액	한국대비규모 (한국=100)	국 가 명	순위	금 액	한국대비규모 (한국=100)
미 국	1	254,627	1522	브 라 질	11	18,747	112
중 국	2	178,760	1068	호 주	12	17,023	102
일 본	3	42,256	253	대 한 민 국	13	16,733	100
독 일	4	40,752	244	스 페 인	14	15,207	91
영 국	5	30,798	184	멕 시 코	15	14,597	87
인 도	6	30,096	180	인 도 네 시 아	16	13,340	80
프 랑 스	7	27,791	166	사 우 디 아 라 비 아	17	11,081	66
캐 나 다	8	21,436	128	네 덜 란 드	18	11,037	66
러 시 아	9	20,503	123	튀 르 키 예	19	8,855	53
이 탈 리 아	10	20,105	120	스 위 스	20	8,054	48

주 : 1) 대한민국, 미국, 중국, 일본, 독일, 인도, 영국, 프랑스, 이탈리아, 호주 외에는 OECD 및 IMF 전망 기준
자료: UN(2023.6.1일 기준), OECD, IMF

향후 전망도 밝지 않다고 우려를 나타냈다.[8]

우리는 이쯤에서 앞서 본 표 <국가별 박물관·미술관 수(2022년)>를 기억해낼 필요가 있다. 그 나라의 박물관 수와 경제 규모 순위가 등식을 이루고 있기 때문이다. 대한민국만 빼고.

(1) 한국의 박물관 현황

문화체육관광부의 집계에 따르면, 2022년 기준 전국의 등록 박물관·미술관 수는 1,194개이다. 이는 2021년의 1,171개보다 23개 늘어난 숫자이다. 불과 1년 동안에 꽤 늘었다고 자평할 수도 있다. 그러나 실상을 알고 보면 그렇게 위안하기 어렵다.

<2021.1. 시·도별 박물관·미술관 현황>

시도	합계	박물관				미술관			
		계	국공립	사립	대학	계	국공립	사립	대학
계	1171	900	437	358	105	271	77	179	15
서울	178	131	34	69	28	47	7	35	5
부산	40	32	13	8	11	8	2	4	2
대구	21	17	8	6	3	4	2	0	2
인천	34	29	16	12	1	5	2	3	0

8) 연합뉴스 2023.7.12. 박대한 "한국 작년 경제규모 '톱10' 유지 실패…3계단 하락한 13위"

시도	합계	박물관				미술관			
		계	국공립	사립	대학	계	국공립	사립	대학
광주	26	12	5	3	4	14	4	8	2
대전	20	15	4	4	7	5	2	3	0
울산	11	11	9	1	1	0	0	0	0
세종	7	7	3	4	0	0	0	0	0
경기	182	128	54	63	11	54	12	39	3
강원	116	96	49	42	5	20	4	16	0
충북	55	44	27	12	5	11	5	6	0
충남	66	58	34	19	5	8	2	6	0
전북	60	42	29	9	4	18	7	11	0
전남	99	64	43	18	3	35	11	24	0
경북	87	76	43	22	11	11	5	5	1
경남	86	76	49	22	5	10	5	5	0
제주	83	62	17	44	1	21	7	14	0

<2022.1. 시·도별 박물관·미술관 현황>

시도	합계	박물관				미술관			
		계	국공립	사립	대학	계	국공립	사립	대학
계	1194	909	439	364	106	285	80	190	15
서울	174	130	35	67	28	44	6	33	5
부산	42	33	13	9	11	9	2	5	2
대구	21	17	8	6	3	4	2	0	2

인천	35	30	16	13	1	5	2	3	0
광주	26	12	5	3	4	14	4	8	2
대전	20	15	4	4	7	5	2	3	0
울산	12	11	9	1	1	1	1	0	0
세종	7	7	3	4	0	0	0	0	0
경기	186	128	54	63	11	58	14	41	3
강원	119	97	49	43	5	22	5	17	0
충북	54	43	26	12	5	11	5	6	0
충남	74	64	37	21	6	10	2	8	0
전북	64	43	30	9	4	21	7	14	0
전남	103	65	42	20	3	38	11	27	0
경북	86	75	42	23	10	11	5	5	1
경남	88	77	49	22	6	11	5	6	0
제주	83	62	17	44	1	21	7	14	0

2019년 6월, 문화체육관광부는 「박물관·미술관 진흥 중장기 계획(2019~2023)」을 발표했다. 대표적인 문화기반시설인 박물관·미술관을 국민 누구나 일상생활에서 쉽게 이용할 수 있도록 대폭 확충해서 1,124개인 박물관·미술관 수를 2023년까지 1,310개로 186개 늘리겠다고 발표하였다. 박물관은 현재 873개

에서 1,013개로 140개, 미술관은 251개에서 297개로 46개 늘리 겠다며 구체적인 숫자까지 제시했다. 이렇게 하면 박물관·미술 관 1개관 당 인구수는 현재 4만5천명에서 3만9천명으로 낮아지 고, 국민들의 박물관·미술관 이용률은 2018년 16.5%에서 2023 년 30% 수준으로 올라갈 것이라고 전망했다.[9]

문화체육관광부는 왜 박물관·미술관을 더 짓겠다고 했을 까? 이유는 '문화로 삶을 풍요롭게 하는 박물관·미술관'이라 는 당시의 비전에 고스란히 담겨 있다. 각지에 박물관과 미술 관이 더욱 촘촘히 들어서게 해서 모든 국민이 내 삶의 가까운 곳에서 문화생활을 누릴 수 있도록 문화 향유 기반을 확충하 겠다는 것이다.

9) 연합뉴스 2019.6.24. 이웅 "2023년까지 박물관·미술관 185곳 추가건립..이용률 30% 목표"

<문화체육관광부의 박물관·미술관 진흥 중장기계획(2019~2023)>

비전	문화로 삶을 풍요롭게 하는 박물관 · 미술관		
3대 목표	공공성 강화	전문성 심화	지속가능성 확보
	- (박물관 · 미술관 이용률) '18년 16.5% ⇨ '23년 30% - (1개관 당 인구수) '19년 4.5만 명 ⇨ '23년 3.9만 명		

1. 공공 문화기반시설로서의 위상 강화

① 박물관 · 미술관 정책기반 체계화
② 박물관 · 미술관 운영관리 내실화
③ 박물관 · 미술관 평가제도 정비

2. 모두가 누리는 박물관 · 미술관

④ 전국적인 박물관 · 미술관 문화향유 기반 구축
⑤ 누구에게나 열린 박물관 · 미술관 조성 지원
⑥ 박물관 · 미술관 고객관리 선진화

3. 전문적 기능 및 역량 강화

⑦ 사립과 대학 박물관 · 미술관 특성화 지원
⑧ 박물관 · 미술관 전문인력 확충 및 역량 제고
⑨ 소장품 등록 및 관리시스템 구축 지원
⑩ 연구 · 출판 · 아카이브 기능 강화

4. 지속가능한 운영기반 마련

⑪ 첨단기술 기반 미래형 박물관 · 미술관 구축
⑫ 박물관 · 미술관 세제 개선 및 후원 활성화
⑬ 박물관 · 미술관 안전 기능 강화

5. 협력을 통한 시너지 제고

⑭ 국내 박물관 · 미술관 및 지역사회 네트워크 구축
⑮ 박물관 · 미술관 국제협력 확대
⑯ 박물관 · 미술관 남북교류 활성화

(전략 및 핵심 과제)

그런데 어디에 어떤 박물관·미술관이 왜 필요한지는 밝히지 않았다. 아마도 내부 자료의 조금 더 구체적인 자료에는 어느 지역에 어떤 박물관·미술관이 필요하다는 대목까지 적혀 있을지 모른다. 계획처럼 진전이 있었을까? 그렇지 않았을 것이다. 앞의 표 <2021년 시·도별 박물관·미술관 현황>과 <2022년 시·도별 박물관·미술관 현황>을 비교해보면 충분히 짐작할 수 있다. 2021년에 비해 2022년 박물관·미술관이 늘어난 곳은 부산(2), 인천(1), 울산(1), 경기(4), 강원(3), 충남(8), 전북(4), 전남(4), 경남(2) 등 9곳이다. 부산은 박물관1·미술관1, 인천은 박물관1, 울산은 미술관1, 경기는 미술관4, 강원은 박물관1·미술관2, 충남은 박물관6·미술관2, 전북과 전남은 각각 박물관1·미술관3, 경남은 박물관1·미술관1관씩 늘었으며, 충남을 제외하면 전체적으로 지방의 사립미술관 건립이 많아졌다. 서울(-4), 충북(-1), 경북(-1) 등 3곳은 오히려 줄어들었다. 코로나19 팬데믹 때문에 운영난이 심한 박물관·미술관이 많다는 뉴스거리가 한동안 자자했으니, 걱정에 비한다면 오히려 -6은 다행스러운 숫자이다.

진짜 걱정거리는 따로 있다. 박물관·미술관이 가장 많은 경기도는 인구 7만2천명 당 1관, 그다음으로 많은 서울시는 5만4천명당 1관이다. 박물관·미술관이 많아 보여도 인구밀집도에 비하면 턱없이 적은 것이다. 심지어 대구시는 1관당 11만명을 넘어설 정도로 인구 대비 박물관·미술관이 적다.

<2022.1. 지자체 인구 대비 박물관·미술관 수>

순위	지자체	박물관·미술관	인구(백만명)	1관당 인구(만명)
1	제주	83 (62+21)	0.6	0.8
2	강원	119 (97+22)	1.5	1.2
3	전남	103 (65+38)	1.8	1.7
4	전북	64 (43+21)	1.7	2.7
5	충남	74 (64+10)	2.1	2.8
6	충북	54 (43+11)	1.5	2.9
7	경북	86 (75+11)	2.6	3.0
8	경남	88 (77+11)	3.3	3.7
9	세종	7 (7+0)	0.3	5.3
10	서울	174 (130+44)	9.5	5.4
11	광주	26 (12+14)	1.4	5.5
12	대전	20 (15+5)	1.4	7.2
13	경기	186 (128+58)	13.5	7.2
14	부산	42 (33+9)	3.3	7.9
15	인천	35 (30+5)	2.9	8.4
16	울산	12 (11+1)	1.1	9.3
17	대구	21 (17+4)	2.3	11.3

특징적인 점은 제주, 강원, 전남 등 인구가 적고 수도권에서

먼 곳일수록 박물관·미술관이 많다는 사실이다. 더 세밀하게 들여다보면 지역문화 전통이 강하고 정체성이 분명하며 관광지가 많은 지역일수록 박물관이 많다. 지역의 정체성과 역사문화를 정리해 소개하는 박물관을 그 지역의 관광시설, 홍보관처럼 여기는 태도와 무관하지 않은 듯하다.

박물관은 남에게 보여주기 위한 공간만은 아니다. 그보다 앞서는 기능은 해당 지역 주민들의 소통 공간이라는 점을 깊이 이해하고 접근해야 한다. 앞 장에서 소개한 미국박물관협회의 관점을 다시 상기해보자. 그에 따르면, 박물관은 지역공동체의 구심점이고, 공동체 전체를 위한 공공서비스기관이고, 학교의 파트너이고, 공동체의 목소리를 전하는 곳이고, 사회교육에 기여하는 곳이다. 남에게 보여주기 전에 먼저 우리가 함께 사유하고 교류·소통하며 교육하는 사회교육공간이라는 사실을 깊이 인식해야 한다.

(2) 박물관이 왜 적을까?

간단히 답하기 어려운 질문이다. 당연히 여러모로 원인을 조사하고 분석 검토해야 객관적으로 마땅한 답변을 얻을 수 있겠지만, 한국 사회의 몇 가지 현상에 비추어보면 핵심 원인의 대강을 짐작할 수는 있다.

한국 사회는 정신적으로 미성숙한 사회이다. '한강의 기적'을 넘어 10대 경제 강국에 포함될 정도로 큰 물질적 성공을 거뒀지만, 한국 사회는 아직도 정신적으로는 여전히 빈곤하기 때문이다. 앞서 언급한 능력주의·불평등·갈등은 사유惟 없는 교육의 원인이자 결과이며 후진 사회의 일반적인 현상이라고 할 수 있다. 사람의 일반적인 생애 주기에 빗대면, 한국 사회는 몸집이 커져 신체 능력은 20대 청년과 다름없지만 정신 연령은 아직 10대 사춘기 단계에 머물러 있는 건장한 소년에 가깝다.

생각해보라. 한국 사회가 이토록 빨리 이룩한 물질적 풍요만큼 정신적으로도 풍요로운 사회였다면 이토록 불평등이 심하고 사회갈등이 만연해졌겠는가? 정해진 짧은 시간에 누가 더 빨리 많은 문제의 해답을 찾아내고 골라내느냐를 교육 평가의 지표로 삼는 사회에서 깊이 생각하고 따져보는 습관이 길러지겠는가? 20대에 시험 한 번 치러서 얻은 성취를 평생에 걸쳐 자랑하고 활용하는 사람이 많은 사회에서 겸손과 아량이 싹틀 수 있겠는가? 시험 성적이 나쁘다고 무능력한 인생 실패자로 자조하게 된 10대 청소년, 20대 청년이 남들과 소통하며 여유로운 미래를 설계하기 쉽겠는가?

한국 사회는 정신적으로 미성숙하기에 너무 성급하다. 자신과 남의 능력·잠재력을 알아볼 겨를도 없이 성급하게 사람을 평가하고 질서를 만들려고 한다. 나는 나이 60세에 가까운 사람을 소개하면서 약 40년 전 학력고사 전국 수석 또는 차석이었음을 강조하는 인물평을 여러 차례 들은 적이 있다. 무려 40년 전 19세 때의 시험 성적으로 그 사람의 능력을 가늠할 수 있다고 생각하다니. 그 말을 한 사람은 사회교육의 중요성을 잘 인식하지 못한 사람이라고 생각한다.

미국 펜실베이니아 주립대학교의 심리학자 셰리 윌리스Sherry Willis와 그의 남편 워너 샤이K. Warner Schaie는 1956년부터 40여 년간 시애틀에 거주하는 조사대상 6,000명의 뇌 인지능력을 7년마다 정기적으로 검사했다고 한다. 흔히 시애틀 종단연구 Seattle Longitudinal Study라고 불리는 이 검사에서 그들이 주목한 것은 뇌의 6가지 능력이었다. 검사항목은 얼마나 많은 단어를 이해할 수 있으며 동의어를 얼마나 많이 찾을 수 있는가(어휘능력), 얼마나 많은 단어를 기억할 수 있는가(언어기억능력), 덧셈·뺄셈·곱셈·나눗셈 등 사칙연산을 얼마나 빨리 할 수 있는가(계산능력), 사물이 180° 회전했을 때의 모습을 얼마나 잘 알아볼 수 있는가(공간지각능력), 빨간색 화살표가 계속 나타나다가 불규칙적으로 녹색 화살표가 나타났을 때 얼마나 빨리 벨을 누를 수 있는가(반응속도), 논리 문제를 얼마나 잘 풀어낼 수 있는가(귀납적 추리능력) 등이었다. 검사 결과, 10대와 20대는 계산능력과 반응

속도에서 높은 점수를 얻었지만, 나머지 항목에서는 점수가 낮았다. 오히려 40~65세 중장년의 검사 결과가 훨씬 더 좋았다. 특히 40대 후반, 50대 초반에 해당하는 사람들이 어휘능력, 언어기억능력, 공간지각능력, 귀납적 추리능력 등의 항목에서 가장 좋은 점수를 얻었다고 한다. 새로운 것을 빨리 받아들이는 순발력이 복잡한 상황에서 문제점을 발견하는 능력, 글을 읽고 주제를 파악하는 능력, 결과를 예측하고 해결책을 찾는 능력 등과 서로 비례하지는 않는다는 사실을 확인한 것이다.

셰리 윌리스 팀의 시애틀 종단연구 결과는 교육이 어린 나이에 학교에서만 이루어져서는 안된다는 사실을 방증한다. 20세 또는 20대에 학교를 졸업한 뒤 두뇌개발 교육에 더 이상 힘쓰지 않는 사람이 많은 사회는 신체 운동능력에 기반한 순발력을 중시할 뿐 종합적인 인지능력을 존중하지 않는 셈이 된다. 사람의 두뇌 인지능력은 단순히 반응 속도만으로 가늠할 수 없는 것인데, 학력시험을 중시하는 학교 교육은 반응 속도 이외에 다른 능력들을 홀시함으로써 개인의 소질 개발 및 사회 발전이라는 교육 효과를 오히려 낮추는 셈이 되는 것이다. 특히 현대 한국사회처럼 고등학교 또는 대학을 졸업하는 무렵에 그 사람의 수학능력, 직업능력 등을 몇 가지 시험으로 판단하고 그 결과를 60대에 이르기까지 유지하도록 교육·직업체계를 구성·편제하

는 시스템은 매우 불합리하다는 사실을 시애틀 종단연구 결과
는 알려준다.

한국 사회의 사유 없는 교육은 사람들의 역사 이해와 역사적
상상력을 빈곤하게 만들고 초라하게 만드는 큰 원인이기도 하
다. 역사를 깊이 이해하지 못하는 사람, 역사적 상상력이 부족
한 사람은 현상에 집착하며 사건의 배경을 연역적으로만 해석
하려 들기 때문에 구조주의적 관점, 거시적 안목을 갖기 어렵
다. 나무 한 그루 한 그루를 자세히 살피느라 미처 숲을 보지 못
하기 때문이다. 그리하여 역사는 싸움에서 이긴 자들의 기록이
라고 오해하며 편향된 영웅사관英雄史觀에 지나치게 몰입하는
경향이 있다.

역사 속에서 어떤 사람이 아주 특별한 공적을 세우거나 특출
한 지도력을 발휘했을 때, 그를 부각시키는 것은 자연스럽다.
그러나 특출해 보이는 그 사람도 인간이기에 그가 속한 사회
의 한 구성원이며, 그를 둘러싼 사회적 조건과 변화, 역사적 맥
락에서 벗어날 수 없다는 점을 분명히 전제해야 한다. 그 사람
이 특별한 능력을 발휘할 수 있었던 것은 우선 그가 속한 사회
의 제도, 기술, 문화 등 배경이 한몫했다는 점을 홀시해서는 안
된다. 그런데 이를 무시하고 사회 변화를 일으킨 중요 사건을
한 사람의 능력으로만 설명하게 되면 필연적으로 사회적 환경

과 역사 흐름을 제대로 파악하기 어려워진다. 인간사회는 끊임없이 변화해왔다. 변화의 큰 흐름은 대체로 발전이었으며, 그것은 거대한 강물을 연상시키기도 한다. 개인의 능력으로는 어찌할 수 없는 요소가 있는 것이다.

이러한 인식의 한계, 해석의 함정 등을 충분히 살피지 않고 역사를 대하게 되면, 일방적이며 배타적인 역사 인식, 편파적인 역사해석, 자아도취의 역사관에 쉽게 노출되고 단순 지식에 사로잡혀 복잡다단한 귀납적 분석과 역사 철학을 거추장스럽게 여길 수 있다. 그리고 결과적으로는 우리가 역사를 왜 배워야 하는지 그 교육목적을 잊어버리고 정면으로 거스르면서 자신의 인식체계를 객관적으로 정립하지 못하게 되며, 더 나아가서는 사회구성원 사이의 신뢰와 공동체의식까지 해치게 되는 것이다. 한국 사회에서 영웅적인 인물이 자주 출현하고 정치권력도 비교적 자주 교체되고 있지만 제도개혁과 사회 분위기는 여전히 제자리걸음인 이유도 이와 무관치 않다. 대중의 열광적 지지로 대단한 성취를 이룬 사람들이 계속 출현하는데도 시간이 지나면 여전한 부조리와 함께 허탈한 상실감이 사람들을 사로잡게 되는 것은 한국 사회가 지나치게 영웅주의적 관점에서 역사와 현실을 바라보기 때문이다.

깊이 생각할 겨를도 없이 남보다 빨리 물질적 풍요를 얻는 게

설명패널의 영웅주의 사관 ㅣ 영웅주의는 영웅을 그 시대, 그 사건을 대표하는 일종의 상표처럼 인식한다. 그래서 지배자·지휘자의 역할을 특별히 강조하고 그를 통해 사회 변화와 역사 흐름을 설명하는 데 익숙하다.(대한민국역사박물관 「동행」특별전 2023)

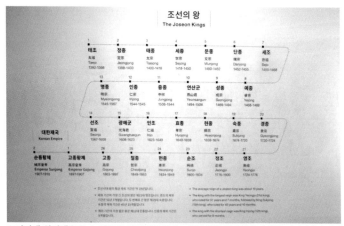

조선시대 왕위계승도 ㅣ 한국의 전통적인 역사교육은 영웅주의사관과 친숙하다. '태정태세문단세…'로 조선시대 왕의 이름을 암기하지만 정작 드라마틱한 정치변동 이외의 사회적 흐름이라든지 기술·문화적 발전과 연계시켜 이해하는 데까지 이어지지는 않는다.

목표인 사람들에게 정신적 풍요와 소통을 지향하는 사회교육은 물정 모르는 사람들의 한가한 타령처럼 들릴 수 있다. 개인의 욕망을 이루기 위해 남들과 치열하게 경쟁하는 삶에 익숙한 사람들에게는 공공의 이익과 무형의 가치가 구태의연한 형식론의 일부가 되기도 한다. 그렇기에 능력주의에 사로잡혀서 불평등을 어쩔 수 없는 세상 이치라고 여기는 사람들이 여전히 많을수록 여타 선진국에 비해 한국의 박물관 수가 현저히 적은 현재 상황은 쉽게 개선되지 않을 것이다.

미국의 인류학자 마샬 살린스Marshall Sahlins는 자신의 저서 『석기시대의 경제학Stone Age Economics』에서 사람들 사이의 주고받기=호혜성互惠性;reciprocity을 3가지로 정리하였다. ① 일반적 호혜성generalized reciprocity은 종류·분량·가치를 계산하지 않고 돌려받으리라는 기대도 없이 무조건 일방적으로 주는 것으로서, 부모·부부·형제·사제·친척 등 친밀도와 연대감이 매우 높은 관계에서 흔히 나타난다. ② 균형적 호혜성balanced reciprocity은 되돌려 갚기로 서로 인정하고 주는 만큼 받고 받는 만큼 주는 것으로서, 이웃집, 회사 동료 등 평소 서로 알고 지내는 사이에서 흔히 나타난다. ③ 부정적 호혜성negative reciprocity은 자신의 이익을 우선시하여 준 것보다 더 많이 받으려고 하는 것으로서, 친밀도가 매우 낮거나 없는 관계에서 나타나며, 엄밀

한 의미에서는 호혜성이라고 할 수 없다. 이 가운데 ① 일반적
호혜성은 비교적 장기간에 걸쳐 교환이 진행되며 당사자가 아
닌 제3자에게 돌려주는 간접적 보상으로도 나타나지만, 당사자
가 어떤 형태로든 되돌려 받는다는 특징이 있다. 즉, A가 B에게
물질적 도움을 주면, B는 A에게 존경을 표시하게 되고 그만큼
A의 위세·위상은 높아지는 것이다. 다만, 이처럼 호혜성이 만들
어낸 존경과 위세의 가치를 얼마나 잘 이해하고 인정하는지는
그 사회의 상호신뢰도와 공동체 의식에 달려 있다. 그리고 그것
이 결과적으로 그 사회의 성숙도와 구성원 사이의 갈등을 결정
한다.

(3) 불로소득 박물관

한국에서는 누가 박물관을 세웠느냐, 누가 운영비를 내느냐
에 따라 박물관 종류를 구분하기도 한다. 중앙정부가 세우고 운
영예산을 지원하면 국립, 지방자치단체가 세우고 운영예산을
지원하면 공립, 개인이 자신의 자금으로 세우고 운영하면 사립
이라고 한다.

국립박물관의 대표는 국립중앙박물관과 국립현대미술관이
다. 모두 문화체육관광부 산하의 박물관으로서, 국립중앙박물
관은 13개 분관, 국립현대미술관은 3개 분관을 지휘하고 있다.

국립중앙박물관의 분관이 많은 이유는 전국 각지의 역사 및 문화유산을 각각 그 지역에서 전시·관리해야 하는 특수성과 조직의 효율적 운영 원칙에 따른 것이며, 13개 분관은 사실상 별개의 기관이라고 해도 무방하다.

얼마 전까지만 해도 문화체육관광부와 국립중앙박물관의 지방분관 건립·운영의 기준은 매우 단순했다. 서울시·인천시와 경기도를 제외한 전국 각 광역시·도에는 역사계 국립박물관을 1개씩만 둔다는 것이었다. 강원도는 춘천시에 국립춘천박물관, 충청북도는 청주시에 국립청주박물관, 전라북도는 전주시에 국립전주박물관, 전라남도는 광주시에 국립광주박물관, 경상북도는 경주시에 국립경주박물관, 경상남도는 진주시에 국립진주박물관, 제주도는 제주시에 국립제주박물관 등을 세웠는데, 전통 깊은 국립경주박물관과 진주성 안에 세운 국립진주박물관을 제외하면, 모두 도청소재지에 건립한 그 지역의 대표박물관이다. 예외는 충청남도이다. 일제강점기에 이미 백제의 수도인 웅진(공주시)과 사비(부여군)에 각각 박물관을 1개소씩 세워 운영한 바 있으므로 광복 이후에도 국립공주박물관과 국립부여박물관 2개 기관을 둔 것이다. 이처럼 국립중앙박물관 산하 각 지역 국립박물관은 중앙집권체제의 상징이자 유산 같은 성격을 띤다.

1980년대에 '86아시안게임과 '88서울올림픽을 준비하고 개최하면서 서울시를 비롯한 지방자치단체와 주민들은 자신들의 역사성·문화정체성을 설명할 박물관이 필요하다는 생각을 저마다 절실히 하게 되었다. 이에 1980년대 후반부터 대도시를 중심으로 국립박물관 유치를 선거 공약으로 제시하는 일이 많아졌다. 그 결과, 대구광역시에 국립대구박물관을 세우고, 부산광역시 인근 김해시에 국립김해박물관을 세웠다. 원칙대로라면 부산시에 국립부산박물관을 세워야 하지만, 부산시에는 이미 대규모 시립박물관이 있었으므로 인근 김해시에 국립박물관을 세운 것이다. 이와 마찬가지로 전라남도에서 광주광역시가 분리되자 전라남도에는 국립나주박물관을 따로 세웠다.

2020년에는 국립익산박물관을 개관하였다. 이로써 전라북도에도 충청남도처럼 2개의 국립박물관을 세운 셈인데, 국립익산박물관은 1997년부터 문화재청이 운영해온 미륵사지유물전시관을 승격시킨 것이다. 익산은 미륵사지, 제석사지, 왕궁리유적, 쌍릉 등 세계유산으로 지정된 7세기 무렵 백제의 왕도급 유적에서 다양한 최고급 유물들이 많이 출토되었다. 따라서 이를 전문적으로 관리하며 그 가치와 역사성을 전시·교육할 국립박물관이 필요하다는 학계·문화유산계의 요청이 꾸준히 제기되어 왔다.

재미있는 것은 국립중앙박물관 산하 13개 분관을 삼국시대 역사문화상에 따라 분류하면 삼국을 통일한 신라보다 멸망 당한 백제의 지역 범위가 훨씬 더 넓어진다는 것이다. 전시실에서 그 지역의 삼한-삼국시대 주요 유물이 전하는 역사성을 기준으로 분류해보면, 국립경주박물관과 국립대구박물관은 보통 진한-신라계 박물관으로 분류하고, 국립김해박물관과 국립진주박물관은 변한-가야계 박물관으로 분류한다. 그리고 나머지 국립춘천박물관·국립청주박물관·국립공주박물관·국립부여박물관·국립전주박물관·국립익산박물관·국립광주박물관·국립나주박물관·국립제주박물관 등 9개 관은 마한-백제계 박물관으로 분류한다. 이는 지역의 역사문화적 정체성이 정치·행정 지배 체제와 조금 다를 수 있다는 사실을 시사한다.

1991년부터 광역시·도 및 기초 시·군·구에 각각 의회를 설치하고 선거를 통해 의원을 선출함으로써 지방자치제도가 본격적으로 시행되자 지역주민과 소통하며 지역의 역사문화 정체성을 전시·교육할 공립박물관이 필요하다는 목소리가 급격히 커졌다. 항구를 통해 일찍부터 외래문물을 접한 인천광역시와 부산광역시는 각각 1946년과 1978년에 시립박물관을 개관해 운영하고 있었고, 문화 자부심이 강한 광주광역시도 이미 1987년에 시립민속박물관을 개관하였지만, 다른 지역에서는 아직 발굴조사로 출토된 유물자료를 진열한 작은 전시관·향토관·역사관 정도만 운영하는 정도였다. 광역자치단체에서는 경기도박물관(1996년), 서울역사박물관(2002년), 울산박물관(2011년) 등이 개관하였고, 기초자치단체에서는 거창박물관(1993년), 함안박물관(2003년), 합천박물관(2004년), 대가야박물관(2005년), 경산시립박물관(2007년), 상주박물관(2007년), 수원박물관(2008년), 천안박물관(2008년) 등 공립박물관이 속속 개관하였다.

박물관은 원한다고 해서 금방 뚝딱 만들 수 있는 시설이 아니다. 그 지역의 역사를 다루는 역사박물관은 특히 그렇다. 우선 최소한의 기본시설인 전시실·교육실·자료실(수장고)과 사무실·전기실·기계실 등 부대시설, 그리고 편의시설까지 건축하려면 수십~수백억원의 비용이 필요하고, 건립사업을 추진하고 개관한 뒤 운영·관리할 직원들에게 지급하는 인건비만 계산해도 매년 최소 수억원이 필요하다. 그래도 여기까지는 예산만 확보하면 어느 정도 해결할 수 있지만, 정작 가장 큰 문제는 무엇을 어떻게 전시하고 교육할지 콘텐츠를 확정하는 일이다. 일정한 규모에 일정한 예산으로 지역의 역사문화 정체성을 알기 쉽게, 그리고 재미있게 구성해서 전시 연출하기란 결코 쉬운 일이 아니어서 대개 막대한 인력과 시간을 투자해야 제법 그럴듯한 콘텐츠를 얻을 수 있다.

지역의 역사문화 정체성은 어느 한두 명이 정하는 게 아니다.

오랜 세월 쌓여온 지역 사람들의 다양한 경험과 정서를 체계적으로 응축해서 간결하게 담아내야 하기에 학계 전문가들의 객관적 검토와 공감이 필요하며, 지역주민들의 동의가 필요하다. 그래서 공립박물관을 새로 지으려는 곳에서는 다양한 전문가들이 참여하는 학술대회가 자주 열리고 주민 설문조사 및 공청회·설명회도 종종 열리는 것이다. 이러한 건립과정과 절차를 담당행정기관이 원활하게 처리하지 못해 박물관 건립 필요성만 무성하게 논의하는 상태로 십여 년 또는 수십 년을 보내기도 한다.

그래서인지 일부 자치단체는 자체적으로 계획을 세워 박물관을 건립하기보다 국립박물관을 유치하거나 대규모 주택단지 또는 산업단지를 개발하는 대가로 개발사업자로부터 박물관을 기부채납 받는 방식으로 시립박물관 문제를 해결하려고 노력하기도 한다. 이는 언뜻 보면 자신들의 예산을 한 푼도 쓰지 않으면서 자기 지역에 국립박물관 또는 시립박물관을 건립한 셈이어서 꿩 먹고 알 먹는 일석이조—石二鳥의 묘수 같아 보이지만, 긴 안목으로 가만히 살펴보면 전혀 그렇지 않다.

우선, 국립박물관은 국가에서 건립·운영하는 박물관이므로 중앙정부의 운영지침에 따라 활동한다. 전시·교육·자료관리 등의 주요 사업은 전 국민 또는 세계인을 대상으로 진행하며, 박물관이 위치한 지역 상황에 그다지 얽매이지 않는다. 물론 많은 국립박물관이 지역민이 참여하는 다양한 교육프로그램을 기획한다든지 지역민에게 자원봉사활동 기회를 준다든지 하며 지역사회와 소통하려 노력하지만, 그 지역의 자치단체가 운영하는 박물관이 아니므로 전시내용은 물론이고 반드시 해야 할 중요한 일의 우선순위도 지역민의 기대와는 많이 다를 수밖에 없다. 따라서 지자체와 지역주민들은 자기 지역의 국립박물관을 마치 공립박물관처럼 생각하고 접근해서는 안된다.

최근에는 기부채납방식으로 시립·구립·군립 박물관을 건립하는 사례가 매우 많아지고 있다. 기부채납이란 어느 개인 또는 단체가 국가나 지방자치단체에 부동산 등의 소유권을 넘겨주는 것인데, 대개는 신도시 개발 등 정부 주도의 사업계획에 따라 토지주택공사LH와 같은 사업자가 대규모 주택단지를 조성하며 얻은 막대한 개발이익에 대한 대가로서 도로·다리·학교·도서관·박물관 등 공공시설을 만들어 국가·지자체에 기부하는 방식으로 이루어진다. 국가·지자체가 사업자에게 여러 공공시설 중 특별히 박물관을 만들어달라고 요구하는 이유는 대개 사업부지에서 역사적으로 중요한 의미를 지닌 주거지·고분·성곽 등의 유적이 발견되어 문화재청의 문화재위원회가 현장박물관을 세워 유적의 가치를 알리고 출토유물을 전시하는 것이 좋겠다는 의견을 제시한 경우이다. 그런데 이때 아직 시립박물관이 없는 지자체들은 개발사업자에게 현장박물관보다 규모가 훨씬 더 크고 전시내용도 훨씬 더 다채로운 종합박물관을 지어달라고 요구하기도 한다. 이참에 지역의 역사 문화를 종합적으로 다룬 박물관을 건립해서 나중에 시립박물관을 짓는 수고를 덜겠다고 계산한 것이다. 요구사항을 그대로 들어주자면 예산과 인력을 당초 계획보다 훨씬 더 많이 써야 하므로 개발사업자들은 당연히 난색을 표명하지만, 협상을 거쳐 곧 서로의 입장을 적당히 반영한 타협안을 찾아내는 것이 보통이다. 그 결과 수도권을 비롯한 여러 지역에서 크기가 애매하고, 내용이 듬성듬성한 시립 또는 구립 박물관들이 속속 문을 열었다. 가히 부동산 투기 세력이 득실대는 나라에서나 통하는 공공시설 획득 모델이라고 할 수 있다.

그런데 이렇게 남의 손으로 졸지에 만든 시립박물관들은 곧 여러 가지 문제점을 필연적으로 드러내게 된다. 우선, 어떤 내용을 어떻게 전시하고 교육할지를 충분히 검토하지 않은 상태에서 대충 면적을 계산하고 시설 구조를 결정하였으므로 나중에 개관한 뒤 사용자들이 불편을 호소하는 경우가 참 많다. 설명패널, 진열장, 조명 등 전시연출은 상점 쇼윈도처럼 겉모습만 번지르르할 뿐 내실이 없는 경우가 부지기수이고, 무엇보다 전시내용이 관람객과 전문가의 공감을 얻지 못해 개관한 뒤 학예사들이 한동안 보완작업에 몰두해야 하는 경우가 적지 않다. 그러나 이렇게 시립박물관을 대충 지은 지자체는 대개 박물관 학예인력도 형편없이 적게 배치하기 마련이어서 야기된 문제점을 고치고 보완하는 일이 결코 쉽게 이루어지지 않는다. 이렇게 해서 사람들이 잘 찾지 않는 썰렁한 박물관이 수없이 탄생한 것이다.

이 세상에 똑같은 사람이 없듯이 박물관도 똑같은 박물관은 있을 수 없다. 아무리 좋은 박물관을 흉내 낸다고 해도 똑같아질 수 없거니와 똑같이 좋은 평가를 받을 수도 없다. 그래서 우리 지역의 특성에 걸맞은 독자적 건립계획이 반드시 필요한 것이다. 우리 지역의 특징은 무엇인지, 무엇을 전시하고 교육할지, 어떤 직원이 몇 명이나 필요한지, 주민들은 박물관에 무엇을 기대하는지, 운영 효과를 거두려면 예산이 얼마나 필요한지 등 종합적인 운영 방향과 운영계획을 설정하는 일이 무엇보다 중요하다. 박물관은 장기적, 거시적인 안목으로 운영해야 하는 곳이다. 얄팍한 계산으로는 박물관에서 실속 있는 성과를 거두기 어렵다.

(4) 복불 박물관 : 천편일률(千篇一律)

"말은 제주도로 보내고 사람은 서울로 보내라"는 옛말이 있다. 한양(서울)에서 과거시험으로 관료를 뽑던 시절, 그리고 중앙집권체제로 산업화에 매진하던 시절에 사람들이 자주 외던 말이다. 근래에는 부동산 열풍이 불면서 다산 정약용이 『하피첩霞帔帖』에서 두 아들에게 당부한 말을 인용하며 부동산의 중요성을 강조하는 사람들도 있다. "지금은 내가 죄인이 되어 너희들이 잠시 시골로 물러나 살게 하였지만, 앞으로의 계획은 오직왕성의 10리 안에 살 수 있게 하는 것이다. 만약 집안의 힘이 쇠락해서 깊이 들어갈 수 없다면 모름지기 잠시 근교에 살면서 과일을 재배하고 채소를 심어 생활하다가 재산이 조금 넉넉해지면 바로 시내로 들어가도 늦지 않을 것이다."[10] 이 말을 맹자어머니가 아들을 교육하기 좋은 곳에서 키우려고 세 번이나 이사했다는 중국 고사에 빗대어 좋은 학군과 인맥, 정보와 네트워크의 중요성을 강조할 때 흔히 이용한다. 번듯하게 성공하고 싶은 사람일수록, 경쟁에서 이기고 싶은 사람일수록 이 말을 금과옥조처럼 여긴다.

그래서인지 산업연구원KIET 자료에 따르면, 한국 100대 기업

---

10) 吾今名在罪籍 使汝曹姑遯田廬 至於日後之計 唯王城十里之內 可以爰處 若家力衰落 不能深入 須蹔止近郊 蒔果種菜 以圖生活 待資賄稍贍 便入市朝之中 未爲晩也.

본사의 95%, 벤처기업의 71%가 수도권에 위치한다. 지식기반 서비스업도 87%가 수도권에 몰려 있다. 그래서 결과적으로 대한민국 일자리의 77%가 수도권에 있다고 한다. 자연스럽게 서울시·인천시·경기도의 인구가 2,600만명을 훌쩍 넘어섰다. 국민 절반 이상이 서울과 그 주변에 몰려 사는 것이다. 대한민국은 여전히 극심한 중앙집중사회이다.

그런데 제4차 산업혁명시대에는 더 이상 중앙집중화의 삼각형 구조를 유지할 수 없다. 생산성 혁명, 창의성, 유연성 고도화 등을 기대할 수 없기 때문이다. 오히려 분권화된 산업구조로 빨리 전환해야 한다는 목소리가 높다. 컴퓨터 시스템 관점에서는 메인프레임 컴퓨터 시스템을 기반으로 만들어진 중앙집중형 프로그램으로는 경쟁 속도를 따라갈 수 없기 때문에 데이터를 처리하는 방식도 CPU(중앙처리장치)와 GPU(그래픽처리장치)를 병행해 최적화하는 방식이 대세라는 것이다. 특히 인공지능AI 분야에서는 GPU 12개가 CPU 2,000개에 맞먹는 딥러닝 성능을 발휘한다는 사실을 발견한 뒤 탈중앙화 병렬처리방식으로 대량의 빅데이터를 무난히 처리하고 있으며, 자율주행차 시스템 개발도 GPU 활용이 관건이라고 한다. 그래서 미래산업은 탈중앙화, 분권화, 지능화하여 인터넷 원격기능을 활용한 지능정보통신기술과 디지털, 네트워크, 인공지능 기능이 창출하는 글로벌 수준

의 초격차 산업경제시대가 도래할 것으로 예상한다.[11]

세상은 이렇듯 빠른 속도로 확 달라지고 있다. 지구촌이라는 말이 이제는 촌스럽게 들릴 정도로 둥근 지구별의 구석구석이 촘촘히 연결된 인터넷 세상이다. 앞서 소개한 정약용의 글에는 자손들이 왜 서울에서 살아야 하는지를 설명한 대목이 더 길게 이어지지만, 글을 인용하는 사람들은 정작 생략하고 듣지 않는다.

중국은 문명이 풍속을 이루기 때문에 비록 궁벽한 시골이나 먼 변방 일지라도 성인이 되고 현인이 되는 데 장애가 없는데, 우리나라는 그렇지 않아서 수도에서 수십리만 떨어져도 이미 넓은 황무지 세계이니 하물며 먼 지방임에랴. 무릇 사대부 집안의 법도는 바야흐로 벼슬에 나아가면 곧바로 산기슭에 집을 얻어 선비의 본색을 잃지 않아야 하고, 만약 벼슬이 끊어지면 곧바로 서울에 살 곳을 정해서 세련된 문화적 안목을 잃지 않아야 한다. … 예로부터 화를 당한 집안의 자손은 반드시 높이 날아서 멀리 달아나 오로지 들어간 산이 깊숙하지 않은 것만 걱정하니 노루처럼 되고 토끼처럼 되었을 뿐이다. 무릇 부귀하여 넉넉한 집안은 재난이 닥쳐도 태평스럽게 걱정이 없고, 몰

11) 이데일리 2021.8.28. 박정수 성균관대 스마트팩토리융합학과 겸임교수 "4차 산업혁명의 천적, 중앙집권화"

락해서 버림받은 집 가족들은 태평스러울 때도 늘 걱정이 있다. 대개 그늘진 절벽의 깊은 계곡에서 따뜻한 기운을 보지 않고 어울려 노는 사람은 모두 앞날이 막히고 원망이 많은 부류이다. 그래서 듣는 바가 모두 허망하고 일방적이며 비루한 이야기이니, 이것이 한번 은거한 뒤 뒤돌아보지 못하는 까닭이다. 진실로 바라건대, 너희는 항상 마음과 기상을 화평하게 해서 좋은 벼슬자리에 있는 사람과 다름없게 하라. 아들과 손자 세대에 이르면 과거시험에도 마음을 두고 정치·경제에도 뜻을 둘 수 있다. 하늘의 이치는 돌고 도는 것이니, 한번 넘어졌다고 일어나지 못할 것 아니다. 만약 하루아침의 분노를 이기지 못하고 발끈해서 떠나버리는 사람은 미천한 무지렁이로 마칠 뿐이다.[12]

정약용이 아들들에게 서울에서 살라고 말한 것은 생활의 편리함 때문이 아니다. 늘 새로운 문물을 접하고 생각의 폭을 넓혀서 미래를 대비하라는 뜻이었다. 교통이 불편하고 정보 전달

---

12) 中國文明成俗 雖窮鄕遐陬 不害其成聖成賢 我邦不然 離都門數十里 已是鴻荒世界 矧遐遠哉 凡士大夫家法 方翶翔雲路 則亟宜傚屋山阿 不失處士之本色 若仕宦墜絶 則亟宜託栖京輦 不落文華之眼目 … 自古禍家餘生 必高翔遠遁 唯恐入山之不深究也 爲麕爲兔焉而已 大凡富貴薰濃之家 菑難然眉 而晏然無愁 落拓擯棄之族 太平洋溢 而常云有憂 蓋其陰厓幽谷 不見陽氣 所與游者 皆廢枳螯怨之類 故所聞皆迂誕辟陋之譚 玆所以長往而弗顧也 誠願汝等常令心氣和平 不異當路之人 及至兒孫之世 得存心科擧 留神經濟 天理循環 不必`一蹈而不起也 若不勝一朝之忿 勃然流徙者 終於甿隷而已矣.(국립민속박물관, 『하피첩, 부모의 향기로운 은택』 2016.)

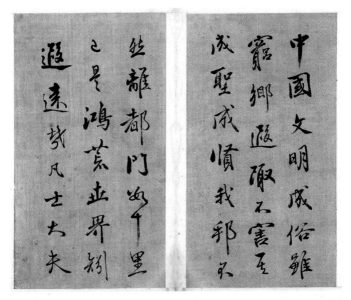

정약용의 『하피첩霞帔帖』 일부 | 다산 정약용(丁若鏞; 1762~1836)이 전남 강진으로 귀양가 있을 때 부인 홍씨가 혼인식 때 입었던 치마를 보내주었는데, 나중에 치마 빛이 바래자 정약용이 서첩으로 만들어 아들 둘에게 훈계하는 글을 적고 『하피첩』이라는 이름을 붙였다. 붉은 치마로 만든 서첩이라는 뜻이다.

이 어려웠던 전통시대에는 어느 곳에 사는지가 미래의 뜻을 세우고 태도·방식을 정하는 데 영향이 컸음을 시사하는 말이건만, 이것을 엉뚱하게도 중앙집권적 사고방식으로 부동산 경제 관념에만 투과해서 진정한 말뜻을 훼손하는 사람이 많은 것이다.

한국의 많은 박물관도 마찬가지이다. 과거를 통해 미래를 준비하고 인터넷·인공지능 세상에 발맞춰 나름대로 변화하고 있다지만, 아직도 중앙집권체제의 사슬에 묶여있는 곳이 많다. 박물관 전시실과 교육실에서는 여전히 비슷한 환경에서 목판으로 찍어낸 듯 같은 디자인 연출방식과 프로그램이 횡행하는 것이다. 무난하다고 소문난 어느 박물관의 전시실을 컴퓨터의 복사하기-붙여놓기 방식으로 옮겨놓은 듯한 경우가 적지 않아서 지역은 전혀 다른데 전시실 풍경이 낯익을 때도 있다.

선사시대의 구석기문화는 몸돌과 격지 몇 개가 진열장 안에 반듯하게 놓이고 벽면에는 자연환경과 수렵채집, 주먹도끼·찍개·긁개에 관한 짧은 설명이 이어진다. 바로 옆 신석기문화 진열장에는 갈돌과 갈판, 그물추, 빗살무늬토기 등이 놓이고 벽면에는 움집·그물 그림과 농사이야기가 적혀 있다. 그 옆 청동기문화 진열장에는 민무늬토기와 반달돌칼·돌창·돌검·거푸집·세형동검·청동거울 등이 놓이고 벽면에는 제사장 그림과 전쟁·계급·국가 이야기 등이 적혀 있다.

철기시대는 역사상 삼한·삼국시대와 맞닿는데, 그 지역이 삼한시대에는 어떤 이름이었고 삼국시대에는 어떤 이름이었는지를 설명하면서 토기·석기, 그리고 철제 무기·농공구류와 각종 꾸미개裝身具들을 진열한다. 벽면에는 땅 이름을 포함해 간단한 연혁 연표와 삼국시대 영토 지도가 있다. 이어지는 남북국시대는 통일신라기의 토기와 기와·벽돌류를 각종 생활도구와 함께

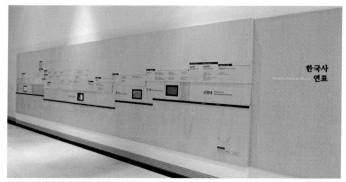

국립중앙박물관의 한국사연표 패널 | 근현대-근세-중세-고대-선사시대로 시간을 거슬러 올라가는 방식의 설명패널이다. 기원전 1500년 이후 청동기 제작 및 논농사 시작, 기원전 400년 이후 한국식동검 등장 및 철기문화 보급, 신라(57BCE~676CE), 고구려(37BCE~668CE), 백제(18BCE~660CE) 등으로 주요 사항을 표시하였다.

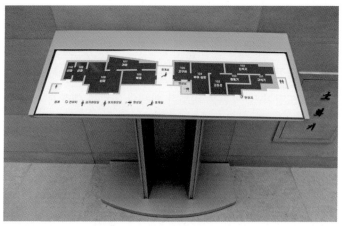

국립중앙박물관 상설전시실 안내도 | 중앙복도를 기준으로 남쪽에 위치한 선사~고대실의 배치도이다. 평면도를 통해 한국사의 주요 내용구성과 전시품 구성 비율 등을 짐작할 수 있다.

진열하고 9주州 5소경小京 등 신라의 지방제도를 지도로 설명한
다.

고려시대는 청자와 불상이 중심을 이룬다. 진열장에는 청자
접시·매병·주전자와 도제 생활용기, 청동제 또는 철제 정병과
불상·불탑, 해동통보海東通寶와 같은 동전과 청동거울 등이 놓이
고, 벽면에는 행정제도와 지명, 요遼·금金·몽고蒙古의 침입과 항
전, 불교와 생활문화 등을 설명하는 패널이 붙는다.

조선시대는 각종 고문서와 전적典籍, 그림과 글씨, 분청사기
와 백자 등으로 구성한다. 훈민정음과 법전 편찬 등의 시대변화
는 전적류, 신분제와 상속문화는 고문서·초상화, 생활문화는 풍
속화·민화와 분청사기·백자류, 성리학과 양반문화는 한시漢詩·
산수화·풍속화·백자, 전쟁과 생활문화변동은 전적과 지도류 등
을 진열하고 벽면에 시대상에 관한 간단한 설명문을 붙인다. 그
리고 세도정치 및 일본을 비롯한 외세의 침략과 대한제국 성립,
의병과 항일독립운동 등을 몇몇 문서·사진과 함께 설명하는데,
항일운동은 그 지역에서 일어난 작은 일까지 다루더라도 친일
에 대해서는 가급적 자세히 언급하지 않는다.

대개의 지역 박물관은 이와 같은 내용으로 구성하므로 진열
장 안의 전시품이 대동소이하고 그래픽과 설명문이 비슷해 낯
익은 인상을 주게 되는 것이다. 물론 한국은 많은 지역의 역사

적 흐름과 경험이 대체로 비슷한 데다 초등학교 사회 교과서, 중학교 역사 교과서, 고등학교 한국사 교과서의 내용에 맞춰서 전시내용을 구성해야 하므로 그 시대의 핵심적인 특징과 관련한 전시품이 비슷해지는 것은 일견 자연스러운 측면이 있다. 그러나 그렇다고 해서 전시품의 진열 및 연출방식과 그에 관한 설명이 똑같은 교과서·참고서에서 잘라내 온 듯 서로 닮은 게 당연한 것은 아니다. 같은 건물의 구조·면적이 같은 집이라 할지라도 각자 집주인의 취향에 따라 벽지 무늬와 색깔, 가구 모양과 배치 등이 저마다 달라지듯 서로 다른 박물관의 전시와 교육 내용은 저마다 달라져야 자연스럽다. 세상에 똑같은 사람이 있을 수 없듯 박물관도 똑같은 박물관은 있을 수 없는 것이다.

남이 장에 가니 거름 지고 따라나선다는 옛말이 있다. 남들이 하는 일이 좋아 보인다고 무턱대고 따라 하는 걸 이르는 말이다. 개성 없고 줏대 없는 사람일수록 유행에 민감하다고 하는데, 박물관이 꼭 그렇다. 우리 지역의 특징은 무엇인지, 이곳에 박물관이 왜 필요한지, 나는 왜 박물관에서 일하는지 등을 깊이 고민하지 않는 박물관 학예사는 전시·교육 프로그램을 외부 전문가에게 의존하기 마련이다. 지역 실정에 둔감한 외부 전문가가 기획·구성해준 전시연출과 교육프로그램은 대개 유행에 민감해서 멋지고 예쁘고 폼나는 데 치중하며 비용도 많이 든다.

그렇게 전시패널의 내용은 뒷전이고 그래픽 디자인에만 신경 쓴 박물관이 많이 생겼다.

고령 관람객이 많은 지역에서 전시패널·레이블(네임택)의 글자 크기를 매우 작게 한 경우, 어린이·가족 관람객이 많은 곳에서 체험형 전시물이 거의 없는 경우, 한문투성이의 문서와 책을 펼쳐놓고 번역문은커녕 설명문도 자세하지 않은 경우, 용도를 알 수 없는 기물器物을 전시하면서 어려운 이름과 기술·예술성만 강조한 경우, 귀하고 멋진 유물이라면서도 그 이유를 글로 잘 설명하지 못한 경우, 여백의 미를 강조하느라 전시품 설명문이 부실한 경우, 전시물에만 집중 조명하느라 실내가 너무 어두워서 관람객이 불편한 경우, 영상·모형 등의 보조물을 적절히 사용하지 못한 경우, 외국인 및 장애인 관람객을 위한 설명방식을 충분히 고려하지 않은 경우 등은 유행을 좇은 복사하기-붙여놓기식 전시연출의 전형이라고 할 수 있다.

(5) 과거만 있고 미래는 없다

한국에서는 초등학교 5학년 사회 교과목에서 처음 한국 역사를 배운다. 그리고 중학교의 역사 과목, 고등학교의 한국사 과목에서 조금씩 더 자세해진다. 모두 필수과목이다. 한국 역사를 왜 반드시 배워야 하는 걸까?

교육부가 2002년에 발행한 중학교 『국사』 교과서는 우리가 국사를 배우는 이유를 3가지로 정리해 설명하였다. ① 우리 역사의 기본지식을 이해해야 한다. 기본지식이란 중요한 역사적 사실과 그 사실에 관한 역사적 의미를 말하는 것이다. 역사의 기본지식은 암기하기보다 이해하는 일이 중요하다. ② 과거와 현재의 사실들을 역사적으로 생각하는 능력을 길러야 한다. 하나의 역사적 사건이 일어난 원인을 생각해보고 다른 시대의 다른 사건과 비교해보면서 공통점이나 차이점을 살펴보는 가운데 역사적으로 생각하는 힘을 기를 수 있다. ③ 스스로 역사 발전에 이바지할 수 있는 태도를 길러야 한다. 오늘의 우리는 과거의 조상, 미래의 후손들과 더불어 우리 역사를 만들어간다는 점을 자각하고 책임감을 느껴야 한다. 그래서 우리 역사와 문화를 아끼고 사랑하는 자세가 필요하며, 다른 나라, 다른 민족의 역사도 올바로 살피고 이해할 수 있어야 한다.

이처럼 역사교육을 통해 역사적 사고력과 통찰력을 기른다는 교육부의 의도와 목표는 대학입시와 사교육 성행, 그리고 성적 위주의 사회 풍조로 인해 이미 빛바랜 사진처럼 한켠으로 밀렸다. 그리고 학교와 학원에서는 여전히 주입식·암기식 교육이 성행하고 있으며, 그 영향이 박물관 전시·교육에까지 미치고 있다. 이에 학생들과 관람객은 역사적 사건과 흐름, 어떤 문화현상에 대해 자료를 두루 찾거나 깊이 생각할 여지가 없으며, 문제의식 토론은 아예 엄두도 내지 못한다. 가르치는 사람이나 배우는 사람이나 시간과 진도에 쫓기고 무엇을 어떻게 토론할지 막연하기 때문이다.

역사는 고정불변이라고 생각하는 사람이 적지 않다. 자기를 낳아준 어머니와 할머니를 바꿀 수 없듯 한번 일어난 사건의 역사적 실체는 진실이므로 바꿀 수 없으며, 다만 우리가 그 실체를 몰라서 오해하거나 일부러 왜곡하는 경우가 있을 뿐이라는 것이다. 객관적이고 분명한 몇가지 사건이나 경험을 건조하게 늘어놓고 합리적으로 조합하면 어떤 사실들이 드러나며, 그 사실의 집합체가 곧 진실이고 진리라는 관점이다. 그래서 평소 기초적이고 개별적인 사건·사실에 대한 지식을 많이 알아두는 것이 최고의 교양이며, 불순한 의도와 잘못된 경험 때문에 역사를 왜곡시키는 이들에 대해서 따끔하게 경종을 울리고 사실을 바로잡아주는 것이 교양인의 의무라고 여기는 것이다.

그러나 우리가 배운 역사는 고정불변한 사실이 아니다. 진실이나 진리는 더욱 아니다. 역사는 관련 전문가들이 여러 가지 남겨진 자료들을 분석·검토하고 해석·평가해서 정리한 것이다. 전통 권위주의 시대에는 정치권력·지식권력을 장악한 소수가 핵심 자료를 장악하고 해석·평가를 독점하는 일이 일반적이었으나, 민주주의가 전문영역의 학문 세계에도 뿌리를 내린 오늘날에는 자료 독점과 해석 독점이 결코 있을 수 없고, 그저 역사가의 주관적 해석과 치열한 검토·토론을 거친 뒤의 통설·정설이 있을 뿐이다.

인간의 사고와 표현에는 한계가 있다. 말과 글을 통해서라면 더욱 그렇다. 그래서 각종 기록을 다루는 역사가들은 기록을 의심하고, 분석하고, 검증하고, 평가하면서도 확신하지 못하는 경우가 허다하다. 사람은 모두 자기식으로 생각하기 마련이기에 최대한 객관적, 종합적으로 분석·평가하려면 어떤 기록이든 무턱대고 믿어서는 곤란하다는 것이다.

그렇기에 역사를 다루는 사람은 근대 역사학이 자연과학적 사고의 토대 위에 선 인문학이라는 점을 명심해야 한다. 근대 역사학의 흐름을 주도한 것은 19세기 독일의 역사학자 랑케 Leopold von Ranke(1795~1886)와 그의 제자들이다. 랑케는 사료를 경시한 18세기 계몽주의 역사가들을 비판하고, 사료 수집·정리에 관심을 기울였던 17세기의 연구방법론을 이어받았다. '일어난 그대로'의 서술을 표방한 랑케의 역사관과 연구방법론은 관찰과 경험에 입각한 과학적 객관성을 중시한다는 점에서 꽁트 Auguste Comte(1798~1857)의 실증주의實證主義와 통하는 바가 많다. 그래서 일본 역사학계는 랑케사관을 실증사학實證史學이라고 불렀으며, 그것이 한국 역사학계에도 그대로 전해졌다. 그러나 꽁트의 실증주의가 모든 지식을 자연과학화하려는 과학 지상주의를 추구한 것과 달리 한국의 실증사학에는 그러한 철학적 배경이 없었다. 실증사학은 역사를 자연과학화하려는 것이라기보다 단지 과학자와 같은 객관성을 유지하여 역사를 탐구하려는 자세로 받아들여졌다.

일본과 한국에서 역사학의 전통적 주류로 자리잡은 실증사학에는 자료 및 문헌에 지나치게 집중하고, 개별 사실을 묘사하고 서술하는 데 지나치게 치중한다는 문제점이 있다. 그리하여 문헌자료 및 유적·유물 중심의 미시적 역사 서술에 집착하는 경향이 나타난다. 이는 결과적으로 역사를 종합적으로 고찰하고 거시적으로 해석하는 데 소홀하도록 만든다.

박물관은 역사 문화를 연구하고 그것을 표상하는 물건을 수집·관리하며 연구 성과를 전시품과 설명으로 재현해내는 일을 한다. 한편으로는 조사연구기관이고, 다른 한편으로는 교육기관이고, 또 다른 한편으로는 공공서비스기관이다. 복합적인 기능을 수행하는 공공 기관이기에 국가 및 지역 행정기관과 긴밀히 연계·협조하며 일을 추진한다. 그래서 보수적인 기존 제도에 얽매이기 쉽다. 그만큼 사회 변화 및 새로운 요구에 천천히 반응하게 되는 것이다.

한국의 박물관들이 지역사나 지역 문화를 제대로 반영하지 못하고 복사하기-붙여놓기식 전시·교육에 열중하는 것은 고고학·미술사학 중심의 박물관 운영에 익숙하기 때문이다. 한때 국립중앙박물관 학예연구실은 고고부, 미술부, 유물관리부 3부로 구성되어, 고고부와 미술부는 각각 전시실을 운영하며 조사·연구·교육 업무를 주도하고 유물관리부는 수장고를 운영하며 수집·보존·연구 업무를 담당하였다. 그 수십 년의 습관과 관행은 직제 운영체계를 바꾸고 20년이 지난 오늘날에도 지방 각지의 박물관에서는 여전하여 규격화된 역사적, 미술사적 내용만 되풀이하는 경향이 있다.

박물관 학예연구사, 특히 전시와 교육을 담당한 학예사는 자신의 전공분야가 무엇인지와 관계없이 먼저 박물관이 속한 사회의 정체성과 그것을 형성한 발자취를 깊이 이해해야 한다. 그리고 현재의 상황과 미래 지향점을 객관적으로 인식하고 수립하기 위해 노력해야 한다. 한국 현대사회의 문제점을 정확하게 직시하고 지역주민들의 고민에 귀를 기울이려 노력해야 한다.

지금 한국사회를 보라. 그리고 박물관의 전시·교육 프로그램을 보라. 외국인노동자, 다문화가정, 성소수자, 북한이탈주민 등 급속히 다양해지는 사회구성원들의 목소리에 귀를 기울이고 세대갈등, 남녀갈등, 지역갈등, 불평등 및 빈부격차, 고령화 및 노인빈곤, 학벌주의·능력주의 등 한국사회의 문제점을 직시하며 앞날을 노래하는 프로그램이 충분한가?

박물관은 과거를 칭송하고 현창하는 곳이 아니다. 과거를 통해 미래 비전을 이야기하는 곳이다. 그러므로 한국의 박물관은 한국의 미래 비전, 지역의 미래 비전을 적극적으로 다루어야 한다. 그래야 공공기관으로서 박물관의 존재 이유와 가치, 책임과 역할을 다할 수 있는 것이다.

* 에피소드 : 팀장과 팀원

　나는 나이 마흔을 훌쩍 넘긴 뒤 박물관에 취직했다. 지방자치
단체 S시가 기존 시립박물관 외에 고대 역사유적을 집중 조명
하는 전문박물관을 건립하기 위해서 박사급 전문가를 뽑았는
데, 전시를 기획하고 관리하는 업무 담당이라고 했다. 초빙공고
를 보고 추천설명을 들을 때에는 책임자급 5년 임기제 공무원
인 줄 알았으나 막상 부임해서 보니 보수체계만 높고 보직체계
는 낮은 자리였다. 얼마 전 중하위급 관리자는 정년이 보장된
일반 공무원 중심으로 보직을 맡기도록 규정을 바꾼 탓이라고
했다.

　직장은 개관하고 몇 년 지난 시립박물관 내 박물관건립추진
반이라는 긴 이름의 부서였는데, 행정 6급 1명과 학예연구사 1
명이 기간제 연구원 2명과 함께 일한 지 수 개월 됐다고 했다.

50대 중반의 행정 6급은 행정팀장, 이제 막 40대로 들어서는 학예연구사는 학예연구팀장 직함을 갖고 있었고, 간단한 유물목록집을 1~2권 분량으로 작성해 둔 상태였다. 건립추진반장은 내게 응시를 권고한 전시과장이 겸직하고 있었지만, 내가 출근한 뒤 얼마 지나지 않아서 학예부서 최고책임자가 추진반장을 겸직하도록 인사이동이 이루어졌다. 일반학예직인 전시과장이 직속상관인 개방직 학예부서 책임자 및 관장과 불편한 사이라는 소문이 자자했다.

새로 박물관건립추진반장직을 맡은 학예부서 책임자는 시청에서 임기제 팀장을 지낸 데다 명문대 출신이어서 시청 행정직 간부들과의 친분이 상당했다. 그리고 근대사 전공서적을 저술할 정도로 학문적 실력도 꽤 인정받는 사람이었다. 그러나 고대사 및 관련 유적에 대해서는 이해가 깊지 않았고 박물관 경험이 적어서 내용보다는 형식 위주로 사안을 들여다보는 경향이 있었다.

얼마 뒤에는 유물 조사 및 확보 담당자로서 A가 새로 들어왔다. A는 학계에 저명한 고고학 전공자로서 나와는 편하게 말을 주고받는 사이였다. 나보다 직장 경험이 훨씬 많은 그는 종종 자신의 처지가 애매하다고 하소연하듯 내게 말했다. 당신은 전시구성도 기획하고 학술회의도 열고 할 일이 많지만 나는 유물

확보 담당으로서 딱히 할 일이 없다는 식이었다. 새 박물관에 어떤 유물이 있으면 좋을지 목록과 상세카드를 작성하고 소장 기관 및 소장자들과 협의하는 일을 하면 되지 않냐고 내가 말하면, 목록은 지금 B학예사가 잘 작성하고 있는 데다 그가 팀장이며 나머지 일들은 급하지 않다면서 곧 그만둘 사람처럼 말했다. 그리고 몇 달 뒤 정말 그만두었다.

그 사이 나는 새 박물관의 전시실 구성에 대한 학술회의를 개최하고 전시실, 교육실, 수장고, 기계실 등을 포함한 전체 필요 면적을 계산해 요청예산안을 작성했다. 그리고 시청 관계부서에 보고했는데, 그 과정에서 추진반장과 작은 의견 충돌이 있었다. 내가 반대 의견을 얘기하던 중 추진반장이 대뜸 "선생님이 이러니까 B학예사가 자꾸 팀장 안하겠다고 바꿔 달라고 하는 겁니다"라고 했다. 영문을 물으니, 학예팀장인 B학예사가 최근 몇 번이나 팀장을 바꿔 달라고 요청했는데, 이유는 K가 나이도 학력도 많고 학계와의 소통도 원활하며 일을 주도하기 때문이라고 말했지만, 실은 당신이 이처럼 지시에 순종하지 않고 고집을 피우는 일이 많으니 그런 것 아니겠느냐는 뜻이었다. 나는 말문이 막혔다.

내 자리에 돌아와 B학예사에게 자초지종을 물었다. 조용하고 신중한 성격의 B학예사는 자신보다 내가 연구 폭도 넓고 기획력이 좋으니 더 적극적으로 사업을 추진할 수 있을 것 같아서 그렇게 요청했다고 말해주었다. 고맙고 미안한 마음이 한꺼번에 몰려왔지만, 사양하지는 않았다. 정식 직제에도 없는 학예팀장 자리는 내게 큰 자리가 결코 아니었으나 사업을 추진하기에는 그리 작은 자리도 아니라고 생각했기 때문이다. 얼마 뒤 나는 학예연구팀장직을 맡았다.

III

국공립박물관이
해야 할 일

3. 국공립박물관이 해야 할 일

1) 전시

(1) 의의와 범위

'전시'는 펼쳐서展 보인다示는 뜻으로서 영어 exhibition과 같은 말이다. 공개된 장소에 어떤 사물을 놓아 연출함으로써 사람들이 시각·청각·후각·미각·촉각 등 오감으로 느끼거나 상호작용을 통해 그 의미를 파악하게 하는 의사소통 방법을 가리킨다.

'보여준다' 또는 '의사소통'이라는 말뜻을 기준으로 삼으면, 전시는 아주 오래전 선사시대부터 있었다고 말할 수 있다. 스페인 알타미라동굴 벽에 그려진 들소·사슴·멧돼지 그림과 프랑스 라스코동굴 벽에 그려진 들소·사슴·말·염소 그림은 이미 1만5

강화도 부근리 고인돌무덤 | 인천시 강화군 하점면 부근리 점골에 위치한 청동기시대 유적이며, 판판한 굄돌 4개 위에 덮개돌을 얹은 탁자식 고인돌인데, 지금은 굄돌이 2개만 남아 있다. 덮개돌은 길이 6.5m, 너비 5.2m, 두께 1.2m 크기의 화강암이며, 무게는 약 53톤이라고 한다.

천년 전에 인류(크로마뇽인)가 자신들의 경험과 희망사항을 그림으로 나타내 보여주고 전해주었기 때문이다. 청동기시대의 거석문화를 상징하는 선돌과 인천 강화도, 전북 고창, 전남 화순 등지에 떼를 이뤄 분포한 고인돌도 크게 보면 어떤 의미를 나타낸 전시행위라고 할 수 있다.

현대사회에서는 옛집이나 옛 시설, 옛 마을을 그대로 보존해서 일반 대중에게 공개하는 방식의 민속촌, 야외박물관 전시도

흔하지만, 어느 한 도시의 건축물 규모·위치·조형미 등을 설계하고 통제하는 도시계획이라든지 간판·광고시설, 포스터·현수막, 상점의 쇼윈도와 상품진열 등 도시 미관, 도시 풍경도 넓은 의미의 전시에 포함할 수 있다. 아프리카 탄자니아의 세렝게티 국립공원Serengeti National Park은 14,800㎢에 달하는 초원의 동식물을 자연 그대로 전시하는 야외전시장이다.

　박물관 전시는 사물을 불특정 다수인 대중에게 보여준다는 점에서 매스 미디어Mass media와 부분적으로 기능이 같다. 그러나 매스 미디어는 대개 정보 흐름이 한 방향으로 일어나며 정보 수용자의 선택과 적극적 참여가 많이 제한된다는 점에서 다른 점이 있다. 전시회를 찾은 관람객은 전시 아이템을 현장에서 선택적으로 관람하고 몸을 움직여 자세히 관찰하거나 촉각을 활용하는 등 전시의도를 알아채려고 노력한다. 전시를 연출한 사람과의 소통 또는 쌍방향 대화를 시도하는 것이다. 그런 가운데 정보전달자의 의도와 정보수용자의 생각이 얽히고설키며 공간 속에서 의미를 재구성, 재생산하게 된다. 이것이 전시와 상품진열의 극명한 차이점이다. 그렇기에 전시는 매개체인 전시품(자료)과 모형, 영상, 언어, 문자, 그림, 색채, 조명, 소리, 퍼포먼스 등을 모두 포함한 공간 디자인 형태로 이루어진다.

　전시는 인간의 오감 중에서 시각에 많이 의존한다. 현대문화의 상징과도 같은 다양한 형태의 미디어와 디자인이 기본적으로 시각 위주로 발달해왔으므로, 온갖 미디어와 디자인을 적극 활용하는 전시회는 시각중심 기술산업 구현공간이라고 말해도 이상하지 않을 정도이다. 그렇지만 전시는 오감 모두를 활용해 의사소통할 수 있어야 하며, 그런 점에서 종합적 커뮤니케이션 미디어를 지향한다. 박물관 전시에서 음향과 체험 비중이 점점 높아지고 있는 현상이 이를 방증한다.

박물관에서 전시를 기획하고 담당하는 사람을 흔히 학예연구사, 줄여서 학예사라고 부르는데, 영어 큐레이터Curator를 번역한 말이다. 큐레이터는 '돌보다' '보살피다'라는 뜻의 라틴어 큐라레curare에서 유래했으며, 미술관이나 박물관의 전시기획·연출은 물론 자료 조사연구·수집·보존 및 교육·홍보까지 모든 업무를 관리·감독하는 직업을 가리킨다.

학예사가 박물관에서 전시를 준비할 때 명심해야 하는 것은 전시회가 사회의 보편적 가치관을 존중하고 사회 발전과 편익을 도모하는 공공재라는 사실이다. 그러므로 학예사는 전시 내용을 통해 자신의 가치관과 학설을 고집해서는 안되며, 사회 다수, 학계 다수의 인정을 받을 수 있는 내용으로 전시를 구성하고 패널, 도록 등을 제작해야 한다. 연구 역량을 잘 갖춘 학예사는 학계의 동향과 문제점 및 한계를 정확히 파악하고 있으므로 객관성을 최대화하기 위해 자기 생각을 내세우지 않는다. 박물관은 맞춤형 역사교과서이기 때문이다.

학예사는 전시를 통해 자신의 이름을 내세우려 해서도 안 된다. 전시는 그 특성상 많은 사람이 함께 준비하고 연출할 수밖에 없으며, 그래야만 좋은 전시회를 개최할 수 있다. 만약 전시기획자 또는 진행자 한 두 사람의 이름이 크게 부각된 전시회가 있다면, 그것은 대개 충분히 준비하지 못한 전시회이거나 소수의 전시진행자가 지나치게 적극적으로 행동하여 함께 준비한 다른 사람들의 기여도를 잘 드러내지 못한 것이라고 할 수 있다. 모든 공공 전시회는 '내'가 개최하는 것이 아니라 '우리'가 개최하는 것이다.

(2) 상품진열과 자료전시

박물관의 자료전시기법은 상점의 상품진열기법과 닮은 점이 많다. 현대사회에서 상점의 상품진열은 쇼윈도show window와 쇼케이스showcase로 상징된다. 쇼윈도는 길을 지나는 사람들이 상점 안에 진열된 상품을 볼 수 있도록 만든 칸막이 유리창이고, 쇼케이스는 상품을 넣어둔 유리진열장이다. 둘 다 유리를 적극 이용했다는 공통점이 있으며, 18~19세기에 유리공업이 급속히 근대화하고 대량생산체계를 갖추게 된 이후에 생긴 용어이다.

1851년 세계 최초의 엑스포Expo행사인 영국의 런던 만국박람회에서 수정궁이라는 이름의 주행사장 건물이 사람들의 이목을 끌었다. 철강과 유리로 만든 건물이었다. 이듬해인 1852년에는 프랑스 파리에서 세계 최초의 현대식 백화점인 봉마르셰Bon Marche백화점이 문을 열었는데, 오페라극장을 방불케 하는 우아하고 깔끔한 장식들과 쇼윈도를 활용한 화려한 상품전시가 기존의 상점과 크게 달라서 화제를 낳았다. 1897년에는 미국에서 『The Show Window』라는 월간 잡지가 창간되었는데, 상인과 전문가들을 위한 것이었다. 일본에서는 1903년 미츠코시三越백화점이 문을 열면서 쇼윈도를 처음 설치하였고, 1906년 미츠코시백화점이 한양(서울)에 지점을 만들면서 한반도에도 쇼윈도가 소개된 것으로 알려진다.

쇼윈도는 행인을 상점 안으로 들어오게 하는 유인기능이 있다. 18세기말 런던에서 양복점을 운영한 사회개혁운동가 프란시스 플레이스Francis Place는 회고록에서 처음으로 상점 입구에 유리창을 설치해 길을 걷는 사람들이 안을 들여다볼 수 있게 하자 비난하는 사람들이 많았으나 상품 판매량이 급증했다고 말하였다. 상점 전면의 유리창이 길을 걷던 사람들의 눈길을 끌어 흥미와 구매욕구를 자극한 것이다. 이른바 윈도우 쇼핑은 상점이 문을 닫은 뒤에도 미래의 구매욕구를 자극하는 것으로 알려져 있다. 쇼윈도는 구매욕구를 가진 사람만 상점에 들어오게 하는 기능도 있다. 그래서 상점 내부의 분위기가 혼잡해지는 것을 예방하며, 결과적으로 구매자에게 쾌적한 환경을 제공하는 역할을 한다. 구매욕구를 가진 사람에게 쇼윈도가 상품을 시각적으로 설명하는 역할을 하는 것이다.

쇼윈도는 상점과 상품의 특징 및 장점을 홍보하는 기능이 있다. 시각적 효과를 극대화하는 상품진열을 통해 상점의 기술·문화 수준을 드러내고 상품의 가치를 드높이는 것이다. 현대사회에서 길거리의 쇼윈도는 화려한 조명과 함께 도시경관을 조성하는 역할을 하며, 사람들을 모여들게 함으로써 도시와 거리에 활기를 불어넣기도 한다.

쇼윈도는 상품을 다른 사람들에게 잘 보여주기 위한 것이다. 당연히 빛이 필요하다. 조명은 전반조명, 국부조명, 장식조명 등으로 구분해서 적용한다. 전반조명은 공간 전체에 거의 같은 양의 빛을 비추도록 설계한 조명으로서 확산성이 높은 조명기기를 사용한다. 그리고 색채를 정확히 보여주어야 하므로 연색성이 높아서 자연광에 가까운 조명을 선호한다. 예전에는 색온도가 낮은 붉은색 전등을 많이 사용했으나, LED가 개발된 뒤에는 표면이 더 밝은 푸른색·흰색 전등을 많이 사용하고 있다. 국부

쇼윈도 | 길을 지나는 사람들이 가게에 진열된 물건을 볼 수 있도록 만든 유리창이다. 화려함과 과시욕의 상징처럼 인식해서 남들이 보기엔 사이가 좋아 보여도 실제로는 그렇지 않은 연인·부부관계를 빗대어 쓰기도 한다. 요즘에는 길을 지나는 사람들이 가게 내부의 손님들을 훤히 볼 수 있도록 맨 유리창을 이용하는 카페도 많다.

조명은 보여주고 싶은 것을 특별히 강조하는 역할을 한다. 상품의 특징·가치를 부각시키고 빛과 그림자, 밝은 곳과 어두운 곳을 한눈에 들게 함으로써 대상 물체를 입체화하고 그 공간을 활성화하는 효과가 있다. 장식조명은 대상물체에 극적인 효과를 더하거나 눈길을 끌기 위해 덧붙여 비추는 조명을 가리킨다. 전반조명과 국부조명 때문에 생기는 그림자를 최소화하기 위해 아래쪽에서 비추는 하부조명foot lighting, 물체를 직접 비추지 않는 배경조명background lighting, 일정 간격으로 빛이 켜지고 꺼지는 점멸등, 카메라 플래시처럼 필요한 순간에만 빛이 켜지는 플래시flash; stroboscope lighting 등이 모두 포함된다.

박람회가 백화점과 박물관 탄생에 큰 영향을 주었다는 사실에서 알 수 있듯이, 박물관 전시는 백화점의 상품진열과 닮은 점이 많다. 다만, 기준이나 방법이 똑같은 것은 아니다. 전시·진열의 목적과 연출자의 경험·환경이 다르기 때문에 구현방식이 결코 같을 수 없다.

상품진열은 지금 그것을 보고 있는 사람의 관심과 구매욕구를 최대한 불러일으키는 게 목적이다. 목표인 실제 구매행위는 나중에 일어날 일이지만, 관람객이 전시품의 현재 가치에 집중하도록 만들기 위해 상품을 최대한 멋지고 화려하게 진열 전시한다. 즉, 상품진열은 지금 상품이 지닌 구체적 가치만 돋보이게 해 관람객이 다른 생각, 다른 판단은 뒤로 미루도록 연출하는 것이다. 이것이 관람객에게 생각을 많이 하도록 요구하는 박물관 전시와 크게 다른 점이다.

박물관 전시는 전시품의 미래 가치와 추상적 가치에 더 집중한다. 전시품은 상점의 상품과 달리 앞으로도 팔려나갈 일이 없고 박물관이 존재하는 한 영원히 소장해야 할 영구적인 자료이므로 지금 화려하게 보이는 일보다 안전하게 현재 상태를 유지하는 일이 상대적으로 훨씬 더 중요하다. 즉, 박물관 자료는 활용보다 유지·전달해야 할 대상이라고 전제한 뒤에 전시하는 것이다. 그리고 전시품을 화려하게 돋보이도록 전시하기보다 자료가 지닌 특징, 보편성과 특수성을 정확하게 드러내는 데에 집중한다. 그래서 학예사는 대체로 화려한 전시보다 은근하고 담담한 전시를 더 선호하는 경향이 있다. 화려한 전시는 자칫 자료가 지닌 역사적·사회적·문화적 가치를 가리거나 잘못 알려줄 수도 있기 때문이다.

박물관 전시는 기획이 그 무엇보다 중요하다. 상점의 상품전시는 특정 아이템을 돋보이게 하는 데에 온갖 노력을 집중하지만, 박물관의 문화유산 전시는 특정 아이템보다 그것이 포함된 역사적 맥락, 스토리라인을 더 중시하는 경향이 있다. 전시물에 맞춰 스토리라인을 구성하는 것이 아니라 스토리라인에 맞춰 전시물을 결정하는 것이다. 특정 아이템(전시물)에 맞춰 전시를 구성하면 스토리라인이 부실해지기 마련이다. 박물관 전시의 스토리라인이 부실하다는 것은 전시내용이 어렵다는 말과 거의 같은 뜻인데, 이는 전시 목적과 목표가 불분명하거나 전체 내용의 맥락을 쉽게 풀어내지 못했을 때 생기는 현상이다. 학예사가 피해야 할 전시방법은 스토리텔링에 의지하지 않고 개별 전시물 중심으로 전시내용을 설명하는 것이다. 전시물에만 집중하는 전시연출은 전시물의 가치를 과장해서 설명하기 쉽다. 그리

진열장의 바닥 높이를 최대한 낮춘 진열장(국립중앙박물관 백제실) ㅣ 4면이 모두 유리인 독립진열장은 관람객이 전시품에 집중할 수 있도록 설명패널을 바닥에 설치하는 것이 보통이다.

설명패널 설치작업 ㅣ 관람객의 눈높이를 고려해 제목, 설명문, 사진·그림 위치를 정하는데, 전체 높이를 정확하게 맞추기 위해 레이저 수평자를 이용하며, 작업자는 기본적으로 2인 1조이다.

설명패널 설치작업 ㅣ 진열장 안쪽 벽면에 부착하는 패널은 반드시 전시품을 진열하기 전에
설치해야 하므로 진열장 바깥쪽 패널작업보다 먼저 진행한다.

고 그것은 결국 전시 목적을 훼손한다.

박물관 전시에서 학예사와 전시디자이너의 오래된 고민거리
중 하나는 관람동선을 어떻게 구성할 것인가 하는 문제이다. 관
람동선은 크게 보아 두 가지 방식이 있는데, 입구와 출구 사이
에 구획해놓은 전시공간을 관람객이 모두 지나가게끔 하는 강
제동선방식과 일부 공간만 선택해서 관람할 수도 있게 하는 선
택동선방식이다. 전시공간이 좁은 경우에는 강제동선을 선호
하고, 넓은 경우에는 선택동선을 선호하는 경향이 있지만, 사실

바닥 설명패널 ㅣ 일반적으로 멀리서 볼 때 눈에 거슬리지 않도록 전시실 바닥과 같은 색으로 디자인하는데, 대개 벽면 패널보다 글자 크기가 작은 편이다.

관람동선은 전시공간의 입구와 출구가 같은 곳인가 다른 곳인가, 전시공간의 평면 형태가 반듯한 사각형인가 아닌가, 전시공간의 천장이 높은가 낮은가, 전시공간에 특수시설이 있는가 없는가, 전시 주제·내용이 복잡한가 단순한가, 전시물이 많은가 적은가 등 다양한 요소의 영향을 받기 때문에 몇가지 유형으로 간단하게 정리하기 어렵다.

전시자료 진열대의 바닥 높이와 설명패널 높이를 누구의 눈 높이에 맞출 것인지도 학예사와 전시디자이너의 오랜 고민거리

중 하나이다. 과거에는 키 높이 160cm 안팎의 성인을 기준으로 진열장 자료진열대의 바닥 높이를 정하는 경우가 많았다. 그래서 자료진열대의 바닥은 성인이 똑바로 섰을 때 허리춤에서 가까운 곳 약 70~80cm 높이에 맞추어졌다. 그러나 근래 박물관에 어린이 이용자가 급증하면서 진열장의 유리와 진열대 바닥 높이가 30~40cm 정도로 크게 낮아졌다. 이보다 더 낮은 경우도 있다. 다만, 진열장 바닥 높이가 낮은 경우에도 설명패널은 아직 예전 기준을 그대로 적용해 제목이 전시실 바닥 기준으로 약 160~180cm 높이에 해당하도록 조정하는 것이 보통이다. 전시자료는 관람객의 눈높이와 각도에 따라 같은 것이 다른 느낌을 주기도 하지만, 설명패널은 글자 크기를 조정하는 것만으로도 그 부담을 줄일 수 있기 때문이다.

한편, 전시품을 벽면에 설치하는 경우가 많은 미술관에서는 최근 벽면 여백을 더 많이 확보하기 위해 설명패널을 바닥에 설치한 사례가 늘고 있다. 바닥 설명패널은 관람객이 전시품에 더 집중할 수 있게 하면서도 전시품과 일정한 거리를 유지하도록 만드는 효과가 있지만, 설명패널의 디자인과 글자 크기에는 더 제한이 많아져서 내용 전달의 효용성이 떨어지기도 한다. 특히, 최근 한국사회는 고령인구가 급격히 늘어나 미술관·박물관의 설명패널 글자가 작아서 읽기 어렵다고 호소하는 이도 늘고 있다.

박물관의 전시 담당자는 전쟁을 비롯한 국가비상사태가 발생했을 때 전시자료를 안전한 곳으로 신속히 옮길 수 있도록 대비책을 마련해두어야 한다. 대형 수장고를 지닌 박물관은 대개 자료관리 부서를 중심으로 비상사태별 자료이동계획을 세워놓는데, 상설전시자료는 학예사 A와 B, 특별전시자료는 학예사 C와 D가 각각 포장과 수장고 격납을 진행하며 시설직원 E와 F는 시설점검 및 경계를 담당하고, 행정직원 G와 H는 연락 및 이동수단 확보를 담당한다는 식으로 구체적인 계획이어야 한다. 자체 수장고가 부실한 박물관은 인근 대형박물관의 수장시설로 자료를 포장·운송하는 계획을 세워놓는다. 또, 전시담당부서는 시설담당부서와 함께 비상사태시 관람객 대피계획도 세워놓아야 하는데, 관람동선을 감안해 직원들이 배치되어야 하는 곳을 정확히 표시하고 근무자 이름까지 구체적으로 표시해두어야 한다.

* 에피소드 : 사고와 책임

새로 지은 박물관의 개관식을 코앞에 두었을 때, 전시업무 총책임자였던 나는 매우 바빴다. 전시실 공사가 아직 완벽히 끝나지 않았는데도 연일 여러 기관에서 보물급 유물들이 속속 운송돼 오고 있었다. 더군다나 학예사 및 연구원의 절대 다수는 이런 일이 처음이었고, 나도 마찬가지였다.

한창 분주하던 어느 날 늦은 오후에 대여유물을 운송해서 돌아온 신입 학예사 A가 사무실로 헐레벌떡 뛰어 들어왔다. 나는 자리에서 일어선 채로 다른 학예사 및 전시업체 직원들과 긴요하게 협의하던 중이었는데, A학예사는 평소의 예의 바른 태도와 달리 큰일 났으니 빨리 수장고로 같이 가자며 나를 보챘다. 나는 협의를 중단할 수 없어 그의 말에 곧바로 반응하지 않았다. 그러자 그는 신경질까지 내면서 나를 재촉했다.

나는 옆자리에 서서 함께 얘기 중이던 B학예사에게 나 대신 내려가 보라고 부탁했다. 보존처리 전공자로서 유물을 많이 다뤄본 경험 많은 선임 학예사였다. B학예사가 A학예사에 이끌려 자리를 떠난 지 얼마 지나지 않아서 다시 A학예사가 나에게 뛰어왔다. 이번에는 거의 울상에다 완전 흥분상태였다. 무슨 말인지를 큰 소리로 따발총처럼 쏟아냈다. 뒤이어 B학예사가 사무실로 들어와서 매우 어두운 낯빛으로 유물 사고가 났다며 고개를 숙였다.

회의를 중단하고 수장고로 따라 내려가니 C학예사를 비롯한 유물팀원들이 운송업체 직원들과 함께 기다리고 있었다. 유물 사고. 중요한 금속 유물 일부가 부러진 것이다. 처음에 A학예사가 운송업체 직원들과 유물 포장을 풀었더니 금속 유물의 중간 부분이 휘어져 있었고, 그걸 B학예사가 만지다가 일부가 부러졌다고 했다. 대여유물을 다룰 때 원칙은 유물에 이상이 발견되면 작업을 중지하고 유물 상태를 사진으로 찍어 소장기관에 보고한 뒤 지시에 따르는 것인데, A학예사가 겁에 질려 크게 걱정하니 B학예사가 예전에 많이 다뤄본 경험으로 해결해주려다 오히려 문제가 더 커진 것이다.

자리로 돌아와 경위서를 작성하고 유물을 대여해준 기관에 보고했다. 경위서에는 내가 유물을 만지게 한 것으로 작성했다. 당시 전시팀의 B학예사는 유물팀의 C학예사와 학예관 승진을 앞에 두고 평점 경쟁 중이었으므로 단독책임이 되면 징계 벌점 때문에 B학예사가 한동안 승진기회를 박탈당할까 염려했기 때문이다. 조사 및 징계 절차 과정은 박물관을 개관한 뒤에도 이어졌으며, 내부 갈등으로 인해 매우 어려운 해결 절차를 겪었다.

마침내 대여기관이 조사를 끝내고 상당한 금액을 피해보상금
으로 청구했다. 징계를 포함한 벌금이라서 나는 순순히 받아들
였다. 그리고 유물운송업체와 협의해서 절반은 운송업체가 부
담하고 나머지 절반은 나와 B학예사가 공동부담하기로 조정했
다. B학예사는 나중에 내가 부담한 금액을 내 은행계좌로 이체
하고선 이래야 자기 마음이 편해진다고 말했다. 나는 더 말하지
않았다.

(3) 박물관 전시의 종류

박물관에서는 전시를 크게 두 가지 종류로 나눈다. 하나는 같은 장소에서 같은 주제·구성·내용·자료를 장기간 유지하는 상설전시이고, 다른 하나는 특정 주제·구성·내용·자료를 일정 기간에만 개최·운영하는 특별전시회이다. 역사를 다루는 박물관과 체험 요소가 많은 과학관은 보통 상설전시를 중심으로 운영하며, 유행에 민감한 미술관과 갤러리는 특별전시 중심으로 운영하는데, 이는 전시 내용, 전시품의 특징, 전시 비용, 소요 인력 등 다양한 이유와 연관되어 있다.

상설전이든 특별전이든 전시실에서 무엇보다 중요한 것은 전시 주제·내용·전시품(아이템)이다. 왜 이런 전시가 필요한지, 이 전시가 우리 생활과 사회 발전에 어떤 도움을 주는지 등 추상적인 질문에 대해 정확하고 분명하게 대답할 수 있어야 한다. 목적과 개념이 분명치 않은 전시는 아무리 화려해도 관람객의 공감을 얻을 수 없으며, 결과적으로 좋은 평가를 받기 어렵다. 박물관은 기본적으로 실체가 분명한 전시품을 진열하는 곳이기에 관람객이 시각을 사로잡는 구상具象에 집착하기 쉽다. 그러므로 학예사가 전시품에 담긴 의미를 충분히 파악해서 설명하지 못하면 전시품의 가치도 그만큼 떨어지기 마련이다.

상설전시는 그 박물관의 정체성과 설립이유를 상시적으로 나타내는 역할을 한다. 그 박물관이 소장한 자료를 중심으로 설립 목적과 기능에 부합하는 전시품들을 관람객이 언제든지 찾아가서 볼 수 있게 전시하기 때문이다. 그렇다고 상설전시 내용이 전혀 바뀌지 않는 것은 아니다. 학계의 연구 동향이나 학설이 바뀌었다든지 박물관이 위치한 지역과 사회, 그리고 관람객의 관심이 바뀌었다면 그 수요에 맞춰 전시 주제 일부를 조정하거나 전시 자료 및 내용의 일부를 바꾸게 된다. 대개 5~10년마다 전시자료를 비롯해 설명패널, 그래픽, 모형, 영상 등 전시물과 전시시설을 전체적으로 손질하거나 교체하는데, 그것은 세월이 흘러 전시물이 낡거나 빛이 바래지는 탓도 있지만, 그보다는 학계의 연구성과 축적, 사회 가치관 및 관점의 미묘한 변화, 디자인 감각 및 유행의 변화 등을 반영해야 하기 때문이다. 간혹 5년 전, 10년 전의 설명패널, 그래픽 디자인을 그대로 다시 출력해서 낡은 것과 바꾸어 달기만 하는 곳도 있는데, 이는 학예사와 관장에게 매우 부끄러운 일이다.

전시회를 오랜 기간 유지하려면 우선 진열장을 비롯한 전시 시설물이 안정적이어야 한다. 어떤 상황에서도 전시물과 관람 객이 모두 안전할 수 있도록 견고해야 하는 것이다. 박물관은 다양한 연령, 다양한 성향의 사람들이 방문하는 곳이므로 돌발 상황이 자주 일어난다. 갑자기 많은 사람이 단체로 전시실에 몰려들어 관람하면서 진열장 유리에 기대거나 전시품을 만지려하는 경우도 있다. 그럴 때 전시시설이 전시품을 안전하게 보호하고 동시에 관람객의 안전도 지킬 수 있어야 한다. 그래서 상설전시실의 진열장은 강철 소재의 구조물과 강화필름을 사용한 특수유리를 선호하는 것이다.

전시실은 전시물과 전시물 사이의 거리를 충분히 띄우고 관람 공간에 여유를 두어서 관람객이 서로 부딪히거나 장애를 느끼지 않도록 공간을 구성해야 한다. 대체로 전시실에서 전시물이 차지하는 공간 비중은 30%가 적정하다. 전시물 공간 비중이 35%를 넘게 되면 관람환경은 매우 열악해진다. 공간구성에 제약이 많은 경우에는 섹션별로 전시 수준을 다르게 설정하여 관람객 층을 다양화하고 관람객 동선을 분산할 수 있는 방법을 사용한다. 이는 좁은 공간을 넓게 쓴다는 장점이 있지만, 그 박물관이 지닌 전문성을 나타내는 데에도 유리하다.

전시 내용을 쉽게 이해할 수 있게끔 설명하는 것도 박물관의 인상을 좌우하는 중요한 기준이다. 어려운 내용도 관람객이 쉽게 이해할 수 있게 하려면 전시 주제가 간명하고 사례가 적절해야 한다. 또, 전시품의 수량이 충분해야 한다. 전시품은 전시내용을 입증하는 가장 생생하고 구체적인 사례이므로 수량이 충분할수록 신뢰도가 높아진다. 설명패널·레이블·모형·영상은 전시내용을 직접적으로 해설하는 보조 전시물이지만, 종종 전시의 핵심요소가 되기도 한다. 설명패널은 용어와 문구, 설명방식이 교과서처럼 정확하고 조리 정연해야 한다. 설명 수준은 극히 전문적인 부분을 제외하면 대체로 초등학교 고학년, 중학교 저학년이 잘 이해할 수 있는 정도가 적당하다.

설명패널은 한글맞춤법 등 국립국어원이 제시하는 언어 규범에 맞춰 설명문을 작성하고 디자인해야 한다. 들여쓰기는 따로 규정이 없지만, 초·중·고교 교과서에서 모두 적용하고 있으므로 박물관 설명패널도 따르는 것이 좋다. 최근에는 영미권에서 공부한 사람들이 많이 늘어난 탓인지 문장·용어와 디자인을 영어식으로 만들어 가독성이 떨어지는 설명패널과 도록이 급속히 늘고 있다. 설명패널은 멋 내는 기능보다 내용을 명확히 전달하는 교육적 기능이 먼저라는 사실을 무시한 것이 아닌지 곱씹어 봐야 한다.

설명패널의 글자체와 글자 크기도 내용을 이해하는 데 큰 영향을 준다. 대개 제목은 고딕체 계열, 설명문은 명조체 계열을 많이 사용하는데, 읽는 사람의 연령대에 따라, 경험내용에 따라, 취향에 따라, 장소에 따라 평가가 다를 수 있다. 글자 크기는 진열장 안쪽에 적힌 설명문이냐, 아니면 진열장 바깥 시설물에 적힌 설명문이냐 등 글자의 위치에 따라 달라진다. 관람객과 설명문 사이의 거리를 1m 정도로 가정했을 때, 글자 높이가 2cm이상이면 대체로 조금 크다는 인상을 주고, 1.4cm이하면 작다는 인상을 준다. 최근 한국에 노인 인구가 많아지면서 박물관의 내부 조명과 사인물이 더 밝아지고 글자 크기도 점차 커지고 있다. 그래서 예전에는 제목 정도에만 적용하던 글자 높이 2cm크기를 최근에는 설명문에 적용하는 사례가 늘고 있으며, 심지어 2.2cm를 넘는 경우도 적지 않다.

박물관의 그래픽디자인 비중이 높을수록 문자 설명은 최소화하는 경향이 있다. 그림·그래픽은 관람객이 전시 주제와 내용을 직감적으로 이해하게 만드는 장점이 있으며, 시각적 효과에 크게 의존하는 근래의 홍보방식 및 문화경향과도 부합한다. 다만, 박물관이 그림·그래픽을 효율적으로 활용하려면 주제에 대한 명확한 분석과 내용에 대한 통찰이 전제되어야 한다. 전시내용 관련 연구성과에 기반하지 않은 그래픽디자인은 오히려 전시의 궁극적 의미를 왜곡시켜 전달할 수 있으며, 관람객의 이해 폭을 좁힐 수도 있다.

최근 관람객이 전시내용을 쉽게 이해할 수 있게 전시물을 직접 만지거나 감각을 통해 느끼는 체험전시가 늘고 있다. 어린이 박물관은 물론이고 거의 모든 박물관이 체험코너를 운영할 정도로 이제 체험전시는 피할 수 없는 대세이다. 관람객이 시각뿐 아니라 청각, 후각, 촉각까지 사용하는 경험을 통해 더 강렬한 인상을 갖게 되고 결과적으로 오래 기억하도록 신체를 자극하는 것이다. 여건상 체험전시가 불가능하다면 전시물의 입체감을 최대한 살리는 것도 대안이 될 수 있다. 전시물과 관람객의 거리감을 좁히고 유리와 같은 차단장치를 최소화하는 것이다. 다만, 그것이 전시물을 보호하고 관리하는 데 장애가 되지는 않아야 한다. 또, 어린이 중심의 체험전시가 너무 과도해지면 다른 연령대 관람객의 유물 감상을 방해할 수 있으니 주의해야 한다.

특별전시는 전시를 기획한 의도·주체·자료 등을 강조하기 위해 기획전시라는 이름을 쓰기도 하는데, 특별전시와 기획전시를 내용상 구별하기는 어렵다. 특별전시 기간은 대개 1~6개월이며, 간혹 1년을 넘는 경우도 있다. 특별전시는 상설전시와 달리 전시주제 선정에 제약이 적고 내용 구성도 상대적으로 자유로운 편이다. 그래서 가볍고 재미있는 전시주제가 많고, 자료 및 전시물 종류도 다양하다. 전시품은 대체로 다른 기관에서 잠시 빌려온 자료의 비중이 높으며, 진열장·벽체 등의 전시시설도 대개 임시 설치물이다.

전시를 열고 닫기까지 학예사가 반드시 진행해야 하는 절차와 준비해야 하는 사항은 매우 많다. 그것을 크게 전시기획단

노출전시 ㅣ 박물관에서 전시품을 유리 진열장에 넣지 않고 전시하는 것을 흔히 노출전시라고 한다. 주로 밀폐 보호하지 않아도 되는 재질에 적용하는데, 훼손·도난당할 염려가 없는 성숙한 관람문화의 한 단면이기도 하다.

계, 전시준비단계, 전시운영·마감단계 등 3단계로 나눌 수 있는데, 미술관과 박물관의 세부 방식 및 예산 비중이 조금씩 다르다.

업무		미술관	박물관
	주제 설정	학계 및 예술 현장 동향 분석	학계 및 문화유산 동향 분석
	사례조사	전시, 작가, 작품 비교	전시, 문화유산(유적 · 유물), 기관 비교
	추진팀 구성	사업계획 수립(일정, 인력)	
	주제 확정	주요개념, 주제, 작가, 작품	개념, 주제, 유물
전 시 기 획	전시품 선정 - 법률규정 검토	작가 선정. 방식, 일정 등 협의	유물 선정. 기관·소장자 협의
	예산 검토	편성. 견적서 비교	
	전시기획 (업체선정)	전시연출, 도록 · 홍보물 제작 등	
	교육프로그램 기획	강연, 학술회의, 전시해설 등	
	문화행사 기획	공연, 이벤트 등	
	홍보 계획 수립	매체(온 · 오프), 기념품 등	
	예산집행 세부계획	견적서	
	섭외	작가 · 작품, 도록 필자 등	소장기관·소장자, 필자 등
	협의	소장기관, 지자체(도로현수기 등)	소장기관, 문화재청, 지자체 등
	계약	기관, 소장자, 작가, 업체 등	
전 시 준 비	전시구성 (업체)	전시설계(공간 · 동선, 매체)	
	도록구성 (업체)	원고 · 디자인 편집	
	전시 제작연출 (업체) - 소방법, 산업안전보건법	가벽 · 가구(도색), 영상기기 등 설치	
	전시품 운송 (업체)	보험가입, 상태점검	
	전시품 보관		사진촬영
	전시품 배치	작품매뉴얼 (동선, 안전규정)	유물매뉴얼, 보존환경
	해설매체 제작·설치 (업체)	타이틀월, 월텍스트, 레이블	설명패널(대 · 중 · 소), 네임택
	홍보물 제작 · 설치 (업체)	홈페이지, 배너, 포스터, SNS 등	
	인쇄물 제작 (업체)	도록, 리플릿, 초청장 등	
	초청장 등 우송 (업체)	온 · 오프라인	
	전시해설사 교육	도슨트, 음성콘텐츠 제작	
	사진촬영	전시실, 작품	전시실
	개막식 준비	보도자료, 축사, 케이터링 등	
	기자설명회	자료, 식사, 교통 등	
	개막식	내외빈 의전, 케이터링(업체)	

전 시 운 영 · 마 감	전시운영	전시품 안전, 온습도, 조명 등	
	교육 및 문화행사 운영	예약관리, 강사 안배 등	
	전시해설 운영	도슨트	전시해설사
	도록 등 판매, 배포	PDF 공개	
	예산 집행, 점검	일반지출, 일상경비 등	
	고객만족도 조사	방식 및 인원, 기념품	
	강연 및 학술회의 개최	강사, 수강생 출석부, 영상중계 등	
	폐막 준비	전시품 반환 등 협의	
	전시품 철수, 보관	작품	유물
	전시품 운송 (업체)	보험	
	전시장 철거 (업체)	구조물 제거, 원상복구 등 (고소작업 안전관리)	
	예산 집행, 점검	지출 및 소결산	
	업무정리	관람객, 보도, 만족도 등 분석	
	결과 보고	전시개요, 내용, 결산, 성과 등	
	평가	내 · 외부	

전시기획단계는 국공립박물관의 경우 전시기획안 작성, 전시대상자료 선정, 전시자료 확보를 위한 협의, 전시자료 선정, 전시계획 수립, 도록 원고를 비롯한 설명문 작성, 전시연출용역공고, 제안서 접수 및 평가, 전시연출용역 기술협상 및 계약 등의 업무를 수행한다. 처음 전시기획안을 작성한 때로부터 전시연출용역을 수행할 업체와 계약할 때까지 짧게는 3~4개월, 길게는 1~2년 소요되는데, 표면적으로 드러난 성과는 전혀 없는 기간이지만, 향후 전시의 성패를 좌우할 정도로 중요한 때이다.

전시준비단계는 전시 기본설계 및 실시설계, 대여자료 포장·

전시품 사진 촬영 ㅣ 전시도록, 리플릿, 홍보물 등을 제작하기 위해 전시품의 특징과 가치를 가장 잘 나타낼 수 있도록 사진을 촬영한다. 불가피한 경우에는 이미 촬영해둔 사진을 사용하기도 하지만, 전시주제에 맞춰 다른 전시품과 어울리는 사진을 확보하려면 새로 촬영해야 하는 게 일반적이다.

전시품 진열 ㅣ 전시품을 다루는 일은 언제 어디서든 기본적으로 2명 이상이 함께 작업한다. 전시품의 안전을 위협하는 각종 사고를 미리 방지할 수 있으며 가장 보기 좋고 안정적인 진열방식을 모색할 수 있기 때문이다.

운송 및 임시보관, 도록원고 검토, 전시자료 사진촬영, 전시자료 받침대 및 보조대 제작, 포스터 및 초청장 제작, 도록 및 리플릿 제작, 전시물 및 전시시설 제작·시공, 홍보 및 내빈 연락, 기념품제작, 전시해설사 교육, 전시개막행사 등의 업무를 수행한다. 외부기관 소장품을 빌려와 보관하며 여러 가지 용도로 사용할 사진을 촬영하고 전시연출업체, 도록제작업체를 비롯한 외부 전문가 그룹과 협업해야 하는 등 매우 까다로운 일을 보통 1~2개월 정도의 짧은 기간에 신속히 처리해야 한다. 대개 학예사 1~2명으로는 감당하기 어려운 필수 절차와 작업량이다. 그러므로 질 좋은 전시를 개최하려면 학예실 및 행정실의 분업·협업체계가 잘 되어 있어야 한다. 작가 및 연구보조원들은 각종 목록·원고·레이블 작성 등의 업무를 수행하고, 전시디자이너·그래픽디자이너는 전시공간 설계, 전시물 구성 및 연출, 책·홍보물 편집 등의 업무를 수행한다. 학예사(큐레이터)는 아이템(전시물) 선정과 원고 작성·검토 및 전시업무 전반을 감독하는 역할을 한다.

전시운영·마감단계는 특별전시를 개막한 이후의 모든 일들이 해당한다. 보통 계약업체관련 행정업무 처리, 전시장 관리, 전시해설, 체험행사 운영, 도록 등 간행물 우송, 전시물 및 시설 보완, 초청강연 및 학술회의 개최, 전시만족도 조사, 전시물철

거, 자료반환운송, 전시결과보고 등이 주요 업무이다.

(4) 나쁜 박물관으로 향하는 길

많은 사람들이 박물관은 그저 유물을 감상하는 곳이라고 생각한다. 미술관과 혼동하기 때문이다. 미술관에서는 현대 미술품을 감상하며 그것을 만든 작가를 필연적으로 떠올린다. 작품을 통해 작가의 생각·철학을 읽어내고 그것을 나름의 경험 또는 가치관으로 평가한다. 자기의 주관적 잣대로 작가의 주관이 짙게 밴 작품을 이해하고 판단하는 것이다. 그러나 박물관에는 정치이념이 곳곳에 배어있다. 전시품 그 자체에 일정한 의식 규범과 정치이념이 담긴 것도 있지만 전시품과 전시품 사이의 보이지 않는 맥락 속에 사회를 움직이는 거대한 가치관과 주류 정치권력의 이념이 은근한 기운으로 감춰진 경우가 더 많다. 그래서 객관적 사실을 추구해야 하는 역사박물관 전시실에서 미술관 전시품을 감상하듯 관람하게 되면 자신도 모르는 사이에 바보가 되기 쉽다. 박물관에서 관람할 때 가장 필요한 건 사실·진실을 추구하려는 역사의식, 비판의식이다.

사례를 들어보자. 일본 도쿄에 위치한 야스쿠니靖國신사에는 본전 건물보다 몇 배나 더 큰 박물관이 있다. 유슈칸遊就館이라고 부른다. 야스쿠니신사는 일본의 근대적 중앙집권체제를 추구한 메이지유신明治維新을 시행하는 과정에서 숨진 정부군 사망자 3,588명을 제사지내기 위해 1869년 일본왕실의 지원 아래 설립한 종교법인이다. 설립 후 일본정부와의 협의를 거쳐 20세기 중엽의 동아시아 침략전쟁(태평양전쟁)까지 약 100년 동안 전쟁에서 숨진 사람들(약 246만명)을 제사 지내는 곳이 되었다. 그래서 야스쿠니신사의 부설 박물관인 유슈칸에는 고대부터 현대까지 일본의 전쟁 역사가 전시되어 있다.

야스쿠니신사靖國神社 입구(2015년 2월) | 신사는 일본 고유의 종교인 신도神道의 신앙체계에 따라 만든 제사시설로서, 대개 일본 왕실 조상이나 나라에 큰 공을 세운 사람들을 신으로 모시고 있다. 신성한 영역임을 뜻하는 돌기둥입구 도리이鳥居 아래에 공휴일을 맞아 일본 우익단체가 종전終戰 70주년 기념행사를 하기 위해 모여있다.

야스쿠니신사 입구에 모인 일본 우익단체 | 일본은 1945년 8월 미국에 항복함으로써 제2차 세계대전 패전국이 되었지만, 일본 정부와 야스쿠니신사는 패전敗戰이라고 표현하지 않고 전쟁이 끝났다는 뜻의 종전이라고 표현한다. 군복차림의 일본 우익단체 회원들이 태평양전쟁 때 일본군이 사용했던 깃발旭日旗을 차량에 게시한 모습.

유슈칸遊就館의 입구 정면 | 겉모습은 단층 건물이지만 내부는 지상2층, 지하1층 구조이다. 일반 관람객이 이용하는 입구와 매표소는 오른쪽에 있다.

유슈칸의 로비 ㅣ 관람객이 출입문 옆 매표소에서 표를 산 뒤 2층 전시실로 향할 때 에스컬레이터에서 전체를 내려다보고 전시실에서 나올 때 로비 전시물 사이를 지나도록 동선을 설계해놓았다. 비행기와 화포는 전쟁 당시 일본 육·해·공군의 대표적인 신식 무기였으며, 기차는 멀리 떠나는 군인을 연상시킨다.

유슈칸의 로비에 들어서면 비행기, 기차, 화포 등 태평양전쟁 때의 대규모 군사 물자와 무기들이 전시되어 있는데, 모든 관람객은 기차와 비행기를 배웅하는 위치, 그리고 화포를 쏘는 사람의 위치를 반드시 지나도록 동선이 짜여 있다. 전시실은 전체를 관람하는 데 6~7시간 소요되므로 1~2시간용 지름길 관람코스를 따로 만들어 둘 정도로 매우 넓다. 내용은 주로 고대부터 현대까지 일본의 전쟁 역사이며, 특히 근현대 전쟁사에 대한 부분이 매우 자세하다.

유슈칸 로비의 화포와 비행기 ┃ 관람객이 전시실 입구에서 왼쪽으로 고개를 돌려 내려다보면 마치 이륙하는 비행기를 배웅하는 처지에 놓인다. 그리고 화포를 쏘는 사람의 위치에 서게 된다. 역사적 상상력을 극대화하는 전시기법이다.

전시실에 들어서면 근세의 전신 갑옷과 투구, 일본도 등 전통시대의 무기류가 가장 먼저 눈에 띈다. 로비의 근현대 무기와 대비시켜놓은 것이다. 뒤이어 일본 역사는 고대부터 간략히 소개하였는데, 『고사기古事記』·『일본서기日本書紀』에 실린 건국 설

[神功皇后] 朝鮮から略奪された食品] 佐々木 尚文 神河県立館 蔵

신공황후 설명패널 ┃ 신공황후는 『일본서기』에 천황인 남편이 죽은 뒤 군사를 이끌고 신라를 정벌하고 돌아오다가 아들 응신천황應神天皇을 낳았으며 201년부터 269년까지 섭정하던 중 249년에 군사를 보내 임나任那지역을 정벌했다고 전하는 전설상의 인물이다. 이를 근거로 연대를 조정해서 369년부터 562년까지 일본이 가야지역을 다스렸다는 임나일본부설이 20세기 일본 역사학계에서 유행했으나 지금은 따르는 연구자가 거의 없다.

화를 건조하게 간단히 소개함으로써 객관적인 사실보다는 주관적 인식을 더 중요하게 여기는 태도를 나타낸다. 가령 『일본서기』에 실린 전설상의 인물 신공황후神功皇后에 대해서는 설명패널에 "제14대 츄아이덴노仲哀天皇의 태후로서 고대에 여성의 신비성과 강함을 대표했다. 신공황후는 신의 뜻에 따라 남자 옷을 입고 바다 북쪽의 신라로 진격하였는데, 출발할 때 약탈이나 항복한 자를 살해하는 것을 금지하는 군사 명령을 내렸다. 이는 우리나라 인도적 군대 질서의 출발점이다"라고 적음으로써 이른바 임나일본부설任那日本府說과 연계시켰다.

유슈칸의 설명패널은 자의적인 역사해석을 화려하고 고급스러운 디자인으로 은근히 가려놓은 점이 특징이다. 유독 자세히 다룬 「만주의 역사」는 고구려시대(450년경)-발해시대(800년경)-금시대(1200년경)-원시대(1300년경)-후금시대(1600년경)-청시대(1700년경)-만주국시대(1932년) 순으로 지도를 겹쳐놓고 옆에 간단한 설명을 덧붙였는데, 지도가 마치 지질학과 고고학의 지층구조를 연상시키지만, 만주국을 맨 위에 배치해 특별히 주의를 끌려는 의도로 보인다. 더욱이 만주국시대에 한반도는 일본의 국기인 일장기 색깔과 똑같이 붉은색으로 칠해져 있어 과거 일본의 군사적·영토적 팽창 욕구를 자극적으로 표출하였으며, 지도에는 일본열도부터 만주국지역까지 철도 노선을 그려넣고 연도별 국경분쟁수 도표와 세부 전투지도를 제시함으로써 객관적 근거자료를 확보해 자세히 검토한 인상을 준다.

그러나 유슈칸이 역사적 사건을 매우 편파적으로 다루고 있음은 뒤이은 난징사건南京事件을 통해 여실히 드러난다. 이른바 남경대학살은 1937년 12월 일본군이 중국의 난징 시내로 들어가 시민을 마구 학살해 학살피해자가 적어도 15만명 이상-중국의 난징대학살기념관에서는 약 30만명-이라고 추산하는 반인

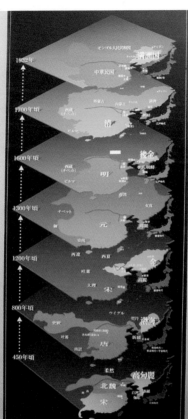

満洲の歴史

From the Kingdom of Kogryo to the Establishment of Manchukuo
History of Manchuria

유슈칸의 만주역사 설명패널 ㅣ "북쪽 흑룡강부터 남쪽 장백산맥 사이의 광대한 지역은 시대에 따라 호칭이 다르지만 퉁구스계 만주민족의 요람이었다. 만주지역의 국가는 주周왕조의 전국시대부터 알려진 부여를 비롯해 고구려, 발해, 요, 금, 후금(청) 등의 국가가 있었다. 만주사변 뒤에 청나라 선통제를 원수로 한 만주국이 건설되었지만, 현재는 중국이 지배하며 동북부라고 부른다."

ソヴィエト連邦

満洲事変

チチハル付近の占領
Occupation in the vicinity of Qiqihar

満洲

黒龍江
(ソ連との国境)

ハバロフスク

吉林の
Occupa

黒龍江省

外蒙古(モンゴル人民共和国)

熱河省の戦い
The Battle of Rehe Province

吉林省

チャハル省

遼寧省(奉天省)

牡丹江

ウラジオストク

錦州の占領
Occupation of Jinzhou

熱河省

吉林占領

日本海

昭和6年9月18日
件をきっかけに起
変で、昭和8年5月
終結した。我が……
いたが、中国のナ
外国権益の回収
た。このため関東
が樹立された。国
国はこれに強く反

第一次上海事変
First Shanghai Incident

柳条湖

柳条湖
Site of explosion at Liutiaohu
昭和6(1931)年9月18日

長春f
Occupa

関東州

朝鮮半島

山東省

青島

黄海

釜山

下関

奉天f
The B

中華民国

東シナ海

류적 전쟁범죄이다. 그런데 설명패널은 "쇼와昭和 12년 12월, 남경을 포위한 마츠이松井 사령관은 예하부대에 외국의 권익과 피난민 구역을 붉은 글씨로 적은 지도를 배포하고 '엄정한 군대 규율로 불법행위를 절대 하지 말라'고 명령하였다. 패배한 중국군 장병은 하관으로 쇄도하다가 섬멸되었다. 시내에서는 사복으로 갈아입고 편의대가 된 패잔병을 적발하는 일이 엄격하게 행해졌다"는 단 7줄에 불과하다. 이는 심각한 역사 왜곡이다.

만주사변 설명패널 ㅣ 만주사변은 1931년 9월 일본제국이 사건을 조작해 군대를 파견함으로써 전투가 벌어진 사건이다. 일본 관동군은 이듬해 1월까지 만주 전역을 점령하였으며 1932년 3월에 괴뢰정권인 만주국을 성립시켰다. 유슈칸은 길림吉林 거주민회 회장의 요청으로 일본군이 출동했으며, 길림 거주민회는 일본인 1천명, 조선인 1만7천명으로 구성되어 있었다고 설명한다.

난징南京대학살 설명패널 ǀ 일본군이 시민을 학살했다는 내용이 전혀 없으며, 피난민 행렬과 검문하는 일본군 사진을 게재한 1937년 12월 20일자 일본 도쿄 아사히신문을 해설 없이 그대로 인용하였다. 일본제국의 편파적 설명과 홍보 내용을 비판 없이 그대로 소개한 것이다.

유슈칸이 전시를 통해 말하고 싶은 것은 무엇일까? 그것은 매우 비싸 보이는 회백색의 축소모형과 함께 전시한 오하구르마御羽車를 통해 드러난다. 오하구르마는 일본 신도神道에서 죽은 사람의 영혼이 담긴 신위神位를 옮길 때 사용하는 가마(상여)식

중국 난징南京대학살기념관의 야외전시물 | 난징대학살이 일어났던 곳의 건물 일부를 옮겨와 기념관 입구 야외에 설치하고 30만명이 학살되었음을 나타내는 숫자 300000을 벽에 새겨넣었다.

수레인데, 회색 축소모형에 군악대가 앞장서고 12명이 오하구르마를 어깨에 멘 채 군인 및 궁사宮司들과 함께 행진하는 모습을 통해 전사한 군인의 유해를 옮기는 데 사용했음을 유추할 수 있다.

전시실 끝부분에는 1945년 8월 히로시마廣島와 나가사키長崎에 원자폭탄이 투하되었을 때 죽은 젊은이들을 비롯해 수많은 전쟁 사망자들의 명함판 흑백사진을 벽면에 빼곡히 붙여놓고

태평양전쟁 때 사용한 무기 전시품
전함에 설치했던 대공포와 어뢰 등을 다른 무기류와 함께 전시하였는데, 과거사에 대한 성
찰이 매우 부족해서 전쟁의 원인과 참상을 거의 언급하지 않았다.

축소모형과 오하구르마御羽車
실물의 1/10 크기인 축소모형은 매우 정교해서 모형 전시연출에 상당히 많은 예산이 투입되었음을 알 수 있다. 축소모형을 회백색으로 만든 것은 죽음, 슬픔, 영혼 등을 상징적으로 나타내기 위한 것으로 보인다.

그 앞에 모자·신발·수첩 등의 유품을 진열해놓았다. 일본도 전쟁의 피해자임을 강조한 것이다. 그래서 20세기 전반기에 동아시아에서 일어난 끔찍한 전쟁의 일면을 그 누구보다도 자세히 다룬 유슈칸에는 수백만 명이 비극적 대량살상으로 희생된 참혹한 사건에서도 가해자가 없다. 그저 차가운 무기 앞에서 동정심을 한없이 자아내는 꽃다운 모습의 가련한 희생자만 가득할 뿐이다.

사망자 사진 패널 | 마지막 전시실 한쪽 벽면에 붙어있는 작은 엽서 크기의 흑백사진들. 끝없이 이어지는 패널 앞에는 사망자들의 유품인 수첩, 만년필, 수통, 모자, 신발 등이 놓여 있다. 일본인뿐 아니라 조선인·대만인도 있다.

유슈칸은 휴일이면 남녀노소 관람객으로 발 디딜 틈이 없는 일본 최대 규모의 박물관이다. 그리고 그곳은 야스쿠니신사의 소속 부서 중 하나이다. 일본에는 매년 야스쿠니신사를 찾아 봉헌하고 참배하고 싶어 하는 정치인들이 아주 많다. 주로 과거사 문제로 실언하거나 망언을 일삼는 이들인데, 선거 때마다 당선자 명단에 이름을 올린다. 그들을 지지하는 사람들은 20세기 일본의 군국주의를 어떻게 이해하고 평가할까? 그 해답을 관람객으로 북적이는 유슈칸에서 찾을 수 있다. 사실에 기초하지 않고 역사를 왜곡하는 나쁜 박물관은 사회를 위태롭게 만든다.

한국에는 이렇게까지 나쁜 박물관이 없어서 다행이지만, 역사를 오도하거나 왜곡하는 길목에 어정쩡하게 서 있는 박물관은 꽤 많다. 지역사나 인물사를 필요 이상으로 과장하는 것이다. 역사학계에서 아직 검증하지 못한 기록과 설화, 아직 검증하지 못했거나 논쟁 중인 학설, 이른바 향토사가들만 확신하는 지역사와 지역문화, 특정 가문 또는 특정 인물 중심의 과장된 역사이야기 등을 마치 다 밝혀진 사실·진실인 양 기술하거나 최대·최고·최초를 남발하며 내용을 부풀리려 노력한 사례를 곳곳에서 어렵지 않게 찾을 수 있다. 모두 나쁜 박물관의 잠재적 후보이다.

*에피소드 : 리더십 멘토

박물관에서 나는 2번의 관장 경험이 있다. 한번은 짧은 2년, 한번은 긴 2년이다. 한번은 재밌었고 한번은 힘들었다는 뜻이 아니다. 한번은 어지러운 상황에서 조직의 화합과 미래비전을 위해 용쓰던 중 아쉽게 마쳤고, 한번은 어려운 환경에서 나름대로 박물관 기능 및 위상 회복에 힘쓰며 보람을 찾다가 임기를 마쳤다. 퇴직을 앞두고 직원들과 삼삼오오 함께한 식사 자리에서 몇가지 칭찬과 덕담을 들었는데, 가만히 생각해보니 그게 다 직장 상사에게 배워서 흉내낸 것들이었다.

H박물관건립추진반 학예팀장이던 시절, 추진반장이 새로 부임했는데, 퇴임을 2년여 앞둔 행정직 사무관이었다. 정장을 단정하게 차려입은 사람이 행정직원의 안내로 사무실에 들어서더니 직원 6명과 일일이 악수하며 "A입니다. 함께 즐겁게 일해봅시다"라고 같은 말을 되풀이했다. 어색한 웃음에 눈매가 날카

롭고 몸매가 날렵해 보여서 이 말이 진심일까 하고 잠시 생각했다.

A반장은 아래 직원에게 도무지 화를 내지 않았다. 회의할 때나 문서를 처리할 때는 이른바 단정하면서도 날카로운 연륜을 번득였지만, 그렇다고 허술한 직원을 거칠게 나무라지도 않았다. 그저 상대와 생각이 다르면 설명하고 듣고 설명하고 듣고를 반복할 뿐이었고, 문서가 성에 차지 않으면 A4용지 이면지에 서식을 그리고 써서 주며 이유를 자세히 설명할 뿐이었다. 한동안 하루 12시간 이상을 같은 공간에서 함께 일하고 쉬고 밥 먹으며 지냈지만, 누군가를 험담하는 걸 보거나 듣지 못했다. 그리고 욕설은커녕 거친 말조차 한번도 듣지 못했다. 그래서 1년쯤 지났을 때 나는 그가 행정 9급 출신이며 불과 2년 전쯤에야 사무관으로 진급했다는 사실이 도무지 믿기지 않아서 그의 이력을 마치 심문하듯 자세히 물은 적도 있다.

시간이 지나 추진반이 추진단으로 바뀌며 조직 규모가 훨씬 커졌다. B단장이 부임했는데, 국립박물관 관장 경험만 십수 년이고 대학 총장까지 역임한 그야말로 베테랑이었다. 여기저기에서 좋다 나쁘다 말이 많았지만, 그중 나쁜 말이 귀에 더 잘 들어왔다. 일 욕심이 많아서 북 치고 장구 치며 직원을 힘들게 한다는 말이었다. 어느 날 B단장이 내게 물었다. "K팀장, 내가 오는 걸 걱정했다면서?" 동료 누군가로부터 내가 전한 말 일부를 들은 모양이었다. 나는 "네. 사람을 많이 쫀다고 들었습니다"하고 대답했다. 그는 잠시 당황한 표정을 짓더니 "아니야. 나 사람 그렇게 쪼지 않아"라고 말하며 어색하게 미소지었다. 반은 맞고 반은 틀린 말이었다.

나는 조금 어눌하지만, 의견이 다른 경우에는 손해를 감수하고라도 말하는 편이다. 그래서 나를 부담스러워하거나 싫어하는 사람도 있다. 그런데 B단장은 내 의견이 자기와 다른 줄 알면서도 꼭 물었다. 그리고 메모했는데, 늘 그의 책상 한켠에 수북이 쌓인 이면지를 사용했다. "왜 그렇게 생각해?" 그는 습관처럼 내게 물었다. 늘 내 생각이 궁금한 사람 같았다. 내 대답이 시원치 않으면 이거 알아봐라, 저거 조사해 봐라 하며 학교 선생님처럼 숙제를 내주었는데, 대개는 나도 궁금한 사항이었다.

"관장은 말이야, 그렇게 사람 가리는 거 아니야" B단장은 언젠가부터 내게 종종 "관장은…"하고 훈육하듯 말했다. 이제 팀장·과장된 지 얼마 지나지 않은 시절에 참람하게도 관장 직위로 설명하니까, 지금 내게 하는 말인지 자신에게 하는 말인지 헷갈릴 때도 있었다. 남들이 듣고 오해할까 살짝 불편한 마음이었지만, B단장이 그만큼 나를 인정한다는 뜻으로 들리기도 해서 그리 싫지는 않았다.

"사람 일은 운7 기3이야"라는 농담식 진담도 자주 했다. 명문
대 출신에 악바리로 소문났던 그가 자신의 빛나는 성취를 운이
좋았고 좋은 사람들을 만난 덕이라고 처음 말했을 때 나는 속으
로 적잖이 놀랐다. 사람들은 대개 반대로 말했고, 나도 대충 그
렇게 말하고 싶어 하던 때였다. 그래서 가끔 속마음을 들킨 듯
뜨끔 하는 전깃불이 명치에서 일어나곤 했다.

B단장은 매우 검소한 사람이었다. 시내 식당 밥값이 5~7천
원 하던 시절, 공무원은 업무추진비로 6천원짜리 이상 먹으면
안된다고 늘 되뇌었고, 직원 회식이 있거나 외부 손님이 오면
늘 식비는 1만원이 넘지 않도록 주문했다. 그러면서도 예전에
근무했던 박물관에는 1억 수천만원을 발전기금으로 기부하는
통 큰 면모를 보였다. 결혼식이라든지 장례식이 있으면, 업무추
진비 5만원에 사비 5만원을 보태서 축의금·부의금 봉투를 만들
었고, 저녁식사는 김밥 1줄을 사서 사무실에서 따뜻한 차와 함
께 혼자 먹은 뒤 저녁 9시 또는 10시쯤 우리와 함께 퇴근하는
게 일상이었다.

시간이 지나 박물관이 성공적으로 개관하고 B단장도 퇴임했
다. 그런데 퇴임하기 얼마 전부터 그동안 업무추진비 80여만원
을 잘못 썼다는 말이 들리더니, 퇴임한 뒤에도 구상권을 청구한
다 만다 시끄러운 말이 내게 들렸다. 연초에 치른 종합감사에서

지적을 받았는데, 시청 직원이나 직접 관계자 외에는 업무추진비를 사용할 수 없는데도 국가기관 및 학계 인사에게 축의금·부의금을 잘못 썼다는 내용이라고 했다. 관계가 틀어진 C과장이 B단장을 골탕 먹이려고 감사팀에 일부러 제보해 문제를 만들었다는 얘기도 들렸다. B단장은 감사 내용이 잘못되었다며 이참에 시청의 잘못된 관행을 문제 삼겠다고 했으나 C과장은 아랑곳하지 않고 휘하 직원들에게 고지서 발부를 재촉했다. 담당 직원이 난처해서 몇 번이나 나를 찾아와 상의하길래 고지서를 내게 달라고 해서 받은 뒤 내가 대신 납부해버렸다. 뒤에 그 사실을 안 C과장이 "K과장님은 돈이 많은가봐요"하고 빈정댔으나 나는 대꾸하지 않았다. 그리고 한 두 달쯤 지났을까? B단장의 전화가 걸려 왔다. "K과장. 귀하가 그렇게 돈이 많아? 돈을 왜 그렇게 써!" 나는 B단장의 명예를 지키겠다며 그렇게 했지만, B단장은 내가 오히려 자신의 명예를 실추시켰다고 서운해했다. 그리고 한사코 사양하는 내게 굳이 해당금액을 송금했다.

2) 교육

박물관은 사회교육기관이다. 사회구성원이 함께 기억할만한 가치를 지닌 유형·무형의 자산을 박물관이 조사·연구하고 수집·보존하는 이유는 안전하게 관리하며 전시·교육하기 위해서이다. 전시도 박물관 교육활동의 한 가지 수단에 지나지 않는다. 그러므로 교육이야말로 박물관의 궁극적 목표이자 사명이라고 말할 수 있다.

그런데 한국의 지식인 중에는 이처럼 숭고한 박물관의 교육적 사명을 오해하는 이가 적지 않다. 특히, 박물관 정책을 입안하고 시행하는 문화분야 행정관료들의 선입견과 편견이 심한 편인데, 박물관을 지역사회의 교육문화 거점으로 인식하기보다 다른 지역 사람들에게 자기 지역의 유적지 및 특산물과 자랑거리를 홍보하는 관광오락시설 쯤으로 인식하는 경향이 있다. 그것은 앞서 본 도표에서 단적으로 드러난다. 한국에서 인구대비 박물관 수가 많은 곳은 제주(8천명)-강원(1만7천명)-전남(1만7천명)-전북(2만7천명)-충남(2만8천명)-충북(2만9천명)-경북(3만명)-경남(3만7천명) 순이다. 모두 인구가 매우 적고 지역문화 전통과 정체성이 분명하며 유명 관광지가 많은 곳이다. 반면, 대한민국 인구의 절반이 몰려 사는 서울(5만4천명)-경기(7만2천명)-인천(8만4천명) 수도권과 부산(7만9천명)-울산(9만3천명)-대구(11만3천명) 등 광역시들은 후진국의 상황과 비교해도 별반 차이가 없는 수준이다. 한국의 경제 수준에 비추어보면 매우 편협하고 빈곤한 문화 인식의 단면이라고 할 수 있다.

이처럼 한국사회에 박물관이 적은 이유는 다양한 측면에서 찾을 수 있겠으나 무엇보다 사회교육에 대한 이해와 관심이 매우 부족했기 때문이다. 교육은 학교에서 이루어지는 것이며 교사·교수의 지도하에 지식을 습득하는 과정이라고 여기는 인식, 바람직한 인간상과 삶의 방향을 모색하고 타고난 소질과 성품을 보호·육성하는 것은 미성년에만 해당한다는 인식, 학교를 졸업한 사람은 단지 사회의 일터에서 열심히 일하고 취미생활 등의 사회활동을 할 뿐이라는 인식 등이 한국에서 사회교육 발전을 가로막는 장애물이라고 할 수 있다.

학교 중심 교육의 맹점은 교육 대상이 미성년에 집중되어 있다는 것이다. 한국사회의 각급 학교는 이른바 전인교육全人敎育을 목표로 삼고 있다. 미성년 학생이 신체적 성장, 지적 성장, 정서적 발달, 사회성 발달 등을 조화롭게 이루며 바람직한 성인으로 성장하도록 가르치고 기른다는 뜻이다. 그러나 이는 오늘날 대학입시와 취업시험을 중시하는 사회분위기와 시험 준비에 몰두하는 수많은 학교의 교육 현실 앞에서 한낱 구호로만 변한 지

오래되었다. 그리고 치열한 시험 경쟁을 거쳐 성인이 된 사회구
성원들은 여전히 방향보다 속도, 종합적 인지능력보다 순발력·
융통성을 중시하며 시험 치르듯 인생을 경쟁적으로 치열하게
살아가는 것이다. 그러나 만약 우리가 앞서 살펴본 셰리 윌리스
연구팀의 시애틀 종단연구 결과를 받아들여 인생에서 인지능력
이 가장 우수한 시기인 40대말~50대초반까지 배움을 멈추지
않고 계속 두뇌를 개발한다면 한국 사회는 훨씬 더 성숙해지고
훨씬 더 발전할 수 있을 것이다. 그런 뜻에서 박물관은 다양한
교육프로그램으로 학교 교육의 맹점과 공백을 메워야 하는 중
차대한 사명을 띠고 있다.

(1) 전시해설

박물관 전시는 기본적으로 교활한 구석이 있다. 어떤 전시는
기획 의도를 감추거나 미화하고, 어떤 전시는 연출기법으로 실
제 내용을 눈가림하거나 왜곡한다. 작고 평범한 일을 멋지고 대
단한 일로 꾸며 보이는가 하면, 용감하고 위대한 첫걸음을 멍청
하고 무모한 행동으로 인상 지울 수도 있다. 수많은 사람을 잔
인하게 죽인 범죄자들을 국가발전을 위해 몸 바친 희생자로서
추념하는 전시연출도 있다. 박물관이 사회교육기관이라는 점을
감안하면, 전쟁범죄자들을 추념하는 박물관 전시는 미래의 전

학예사의 전시설명 Ⅰ 많은 박물관이 1~2주에 1회 또는 매달 1회 정도로 학예사의 전시설명회를 개최한다. 대개 특정 주제로 1시간 가까이 진행하는데, 학예사의 전공 분야에 맞춘 전시해설이므로 쉽게 들을 수 없는 매우 깊은 내용이 많다.

쟁범죄자와 동조자들을 길러내 민주시민사회를 위협하려는 반인륜 교육이라고 할 수 있다. 그런데 그런 교육 의도를 은근슬쩍 감추며 역사를 왜곡한 박물관 전시가 지금도 실제로 존재한다.

　박물관 학예사와 전시디자이너는 전시를 기획·연출하기 위해 다양한 요소와 매체를 사용한다. 전시연출자가 사용하는 요소와 매체는 저마다 일반적이며 상식적인 배경을 갖고 있다. 그래서 왜 그 자료를 전시품으로 선택했는가, 왜 그 자료의 이름을 이렇게 정했는가, 왜 그 자료를 이런 방식, 이런 모습으로 진열하는가, 왜 그 자료의 의미를 이렇게 규정했는가 등 전시품 하나만 두고도 기획의도를 다각도로 읽어낼 수 있다.

전시연출자가 설명패널·도록·영상 등을 통해 전시품의 의미와 전시 이유를 직접 구체적으로 설명하기도 한다. 그러나 그 설명 내용이 박물관을 찾은 모든 관람객에게 오롯이 전달되는 것은 아니다. 박물관 관람객이 매우 다양하기 때문이다. 아장아장 걷는 아기, 휠체어에 의지한 백세 노인, 학교 교육을 전혀 받지 않은 사람, 대학에서 해당분야 박사학위를 받은 사람, 종교가 있는 사람, 종교가 없는 사람, 시각을 중시하는 사람, 청각에 민감한 사람, 혼자 관람하는 사람, 함께 관람하는 사람, 일부러 시간 내어 방문한 사람, 지나가다 우연히 들른 사람 등 조건과 사연이 제각각 다른 사람들이 같은 공간에서 같은 전시물을 대하기 때문에 감흥과 생각이 저마다 다른 것은 어찌 보면 당연하다. 그래서 전시연출자가 전시기획 의도와 배경을 명확히 밝히는 일은 매우 중요하다.

박물관에서 전시내용을 공식적으로 안내하고 해설할 수 있는 사람은 학예사와 전시해설사이다. 학예사는 전시를 기획하고 연출한 박물관 직원이므로 전시 의도와 내용을 가장 구체적으로 설명할 수 있는 사람이다. 그래서 보통 전시개막행사를 개최하면 담당 학예사가 행사에 참여한 손님들에게 전시내용을 안내·설명하는 것을 관례로 여긴다. 학예사가 정기적으로 박물관 이용자와 함께 전시실을 돌며 전시내용을 설명하기도 한다. 상설전시든 특별전시든 박물관 학예사의 전시 안내는 기획·연출자의 직접 해설이라는 권위를 갖게 되며 그 박물관의 공식 입장에 준한다.

박물관의 전시해설사를 도슨트Docent라고 부르기도 한다. 전시해설사는 박물관 이용자에게 박물관 학예사 대신 전시내용을 안내·설명하는 역할을 하는데, 대개 자원봉사자이다. 전시를 기획하거나 연출한 전문가는 아니지만 전문가인 담당 학예사로부터 전시 기획 의도와 내용을 충분히 교육받은 뒤 박물관 이용자에게 전달하는 맞춤교사라고 할 수 있다. 전시해설사는 박물관 이용자의 시각을 박물관 학예사보다 더 잘 이해하는 입장에서 전시내용을 해설하므로 이용자(관람객)의 눈높이에 맞춘 전시해설이 장점이다. 다만, 전시 의도와 내용을 깊이 이해하지 못한 상태에서 잘못 전달할 수 있으며, 박물관 이용자의 돌발질문에 잘못 응답해 전시목적을 훼손할 수도 있다. 그러므로 박물관의 전시해설사는 반드시 담당 학예사가 제시한 전시해설 매뉴얼에 따라 해설해야 하며, 충분히 숙지하지 못한 내용에 대해서는 아는 체하지 않고 "모른다"라고 말할 수 있는 지혜와 용기를 가져야 한다.

전시해설사의 전시설명 ㅣ 전시 해설사의 전시설명은 대개 로비에서 정해진 시각에 시작하는데, 특별전 개최 기간에는 상설전시 해설뿐 아니라 특별전시 해설도 서비스한다. 전화 또는 인터넷 누리집에서 사전 예약하면 편리하다.

(2) 강좌·강연

박물관은 사회교육기관 또는 평생교육기관이다. 이를 상징하는 것이 바로 박물관의 강좌와 강연이다. 강좌는 흔히 일정기간 전문분야별로 강의하는 계몽적인 강습과목을 가리키며, 강연은 특정 주제에 대한 부정기적인 강의를 가리킨다. 강좌의 주제는 박물관의 정체성, 소장품, 상설전시내용 등과 연관된 것이 많고, 강연 주제는 특별전시 내용과 연관된 것이 많다.

강좌는 매우 다양한 형태와 방식으로 이루어진다. 가장 일반적인 형태로는 한국의 많은 박물관이 저마다 매년 개설하는 이른바 '박물관대학'을 들 수 있다. 대개 특정 주제를 시리즈로 구성해서 일정 기간 매주 또는 격주로 정해진 요일, 정해진 시간에 미리 신청한 수강생들을 대상으로 대규모 강당 또는 소규모 교육실에서 교육하는 방식이다. 시리즈 교육이 끝나면 박물관이 수강생에게 수료증을 수여하기도 한다. 이밖에 문화강좌, 시민강좌, 인문학강좌, 역사문화강좌, 교양강좌, 수요강좌, 토요강좌, 여성강좌, 점심강좌, 박물관강좌 등 강좌 이름은 다양하지만, 수강대상은 주로 중장년층과 노년층으로서 큰 차이가 없다.

박물관 주요 이용자의 연령·성향에 맞춘 강좌로는 어린이대상 강좌가 주류를 이룬다. 어린이대상 강좌는 대개 오감과 호기심을 자극하며 신체운동을 접목한 체험 위주의 교육프로그램이 많다. 특히 미술관의 그림그리기 프로그램은 어린이의 정서함양, 창의력 발달, 자존감 고취, 표현력 증대 등 미술교육의 장점을 적극 홍보하고 표면화함으로써 오히려 학교 미술교육의 문제점을 노출시키고 그에 대한 대안 내지 보완 프로그램으로 자리 잡고 있다. 박물관의 청소년대상 강좌는 매우 적은 편인데, 한국의 중등학교가 시험 위주 교육과정에 매여 있다는 현실적 한계와 무관하지 않다. 현재 한국박물관의 청소년대상 강좌는 학교의 교과목과 연계한 것이거나 진로·직업관련 지식 위주

박물관대학 ㅣ 박물관이 지역사회의 교양교육 거점이며 주민 소통의 주요 매개체라는 사실을 가장 잘 나타내는 교육프로그램이다. 주민들은 지식을 공유하고 질문과 토론을 통해 자신이 쌓아 올린 사유의 벽을 체계적으로 무너뜨림으로써 지혜의 폭을 넓히는 것이다.

박물관대학원 ㅣ 대학교의 대학원에 빗대어 일반교양보다 조금 더 전문적인 내용을 깊게 다루는 프로그램이다. 최근 교양 수준을 넘어서서 전문가적 식견을 추구하는 이른바 매니아층이 많이 늘어나고 있는데, 주로 직장인의 편의를 고려해 야간강좌로 개설한다.

교육프로그램이 많은 편이다.

박물관은 강좌와 강연을 가능한 한 많이 개최해야 한다. 박물관은 특정 주제에 관한 지식을 갈구하는 다양한 계층·성향의 사람들이 실물자료를 매개로 해당분야 전문가를 만나 궁금증을 해소하며 대화할 수 있는 일종의 지식광장 같은 곳이기 때문이다. 강사 초빙에 특별한 제약이 없어 다양한 전문가의 의견을 고루 들을 수 있고, 전시실의 실물자료를 강의자료로 활용할 수 있으므로 현장감이 박물관 강좌·강연의 큰 장점이다. 그리고 수강자도 연령·성별·경력 등에 제약이 없고 자발적 참여만이 기준이라는 점에서 사회적 교육 효과가 매우 크다고 할 수 있다.

박물관의 강좌·강연 운영은 박물관이 지역사회 및 주민들과 소통하는 데에도 도움을 준다. 지역사회의 정체성과 자연·인문지리적 환경 또는 사회문화적 환경을 박물관 전시·교육 운영에 반영할 뿐 아니라 지역사회의 문화정책에 무관심하거나 우호적이지 않은 주민들에게 관련정보를 제공함으로써 지혜로운 방향을 모색하고 합리적인 해결책을 찾는 데 도움을 주는 것이다. 가령, 서울시 송파구에 위치한 국가 사적 서울 풍납동토성은 백제의 초기 왕성유적으로서 지금도 땅속에 백제 때의 왕궁·관청·주거지·우물·도로 등 유적이 남아 있어 역사학계·서울시·문화재청이 모두 세계문화유산으로서의 가치를 인정하고 있다.

그러나 인근 주민의 상당수는 국가와 지방자치단체의 문화유산 정책이 주민의 재산권을 침해한다고 호소하며 도시개발을 주장하고 있으며, 일부 주민은 문화유산으로서의 가치마저 부정하고 있다. 이는 물론 그동안 중앙 정부와 지자체의 문화유산정책이 지역주민에게 일방적인 희생을 강요하는 방식으로 진행된 탓이기도 하지만, 지역의 역사성과 문화유산의 의미를 고려하지 않고 도시개발과 경제적 이익을 앞세운 한국사회의 역사인식이 부끄러운 민낯을 드러낸 것이기도 하다. 따라서 한성백제박물관을 비롯한 지역사회의 박물관들은 강좌·강연을 통해 서울 풍납동토성 유적의 가치와 역사적 의미를 지역주민에게 정확하게 전달하고 토론해 객관적 인식의 폭을 넓혀줌으로써 국가문화유산은 물론 지역주민의 불안한 현실과 현안문제를 해결하는 데 기여할 수 있는 것이다.

(3) 체험학습

한국 교육제도에서 체험학습은 초·중등학교 학생이 다른 지역에 있는 어떤 집에 머물며 전학하지 않고 현지학교에서 공부하는 형태, 또는 학기중 일정기간 학교 수업에 참여하지 않고 여행을 통해 학습하는 형태를 가리킨다. 그리고 학생들이 단체로 학교 교실을 떠나 교재에 소개된 곳을 방문해 직접 몸으로

체험학습1 ㅣ 박물관은 책을 통해 평면적으로 지식을 익힌 사람들을 다양한 방식으로 자극함으로써 지식을 입체적으로 재구성할 수 있게 돕는 곳이다. 특히 성장기의 어린이들은 몸으로 직접 체험함으로써 강렬한 기억과 주체적인 탐구 능력을 기를 수 있다.(경기도박물관의 발굴체험학습 2023)

체험학습2 ㅣ 꽃삽으로 땅을 파며 유물을 찾고 그 위치와 모양을 실측하는 발굴체험학습은 대개 전시실에서의 역사교육과 함께 진행한다. 최종 복원된 유물을 관찰하고 발굴과정을 체험한 뒤 시간 순서를 거꾸로 되짚으면서 역사적 상상력을 자극하는 방식이다.(경기도박물관의 발굴체험학습 2023)

성인 체험교육 ㅣ 역사박물관은 다양한 전통문화로 체험프로그램을 개발하는데, 바느질 규방공예, 민화 그리기, 서예교실, 단소 등 전통악기 음악교실 등이 대표적이다.(경기도박물관의 '전통술 빚기' 체험행사 2023)

어린이 체험교육 ㅣ 요즘은 박물관의 체험학습 프로그램 범위가 점점 넓어져서 역사뿐 아니라 다양한 분야를 다루고 있다. 특히 교육지원청과 협력해 초·중·고교 학생들의 취미활동을 돕고 공연을 개최하기도 한다.(경기도박물관의 방과후 마을교실 '두드림' 2023)

가족 체험행사 | 설·추석 등 명절에는 가족 단위 체험행사를 실내외에서 많이 진행한다. 실내는 주로 만들기 · 그리기 · 옷입어보기 · 보드게임 등이 많고, 야외는 제기차기 · 던지기投壺·굴렁쇠 · 팽이치기 등이 많다.(한성백제박물관 한가위 체험행사 2019)

겪으며 배우고 익히는 것을 현장체험학습이라고 부른다. 그러나 박물관에서는 장소를 바꾸지 않더라도 수강생이 신체를 움직이며 오감을 자극하는 방식으로 배우거나 어떤 상황을 재연하는 등 직접 몸으로 겪으며 배우는 학습방식을 모두 체험학습이라고 한다.

박물관 중에는 문화유산(역사유적), 자연유산, 생태환경, 관광시설 등과 지리적으로 가깝거나 연계한 이른바 현장박물관이 많다. 그래서 각급 학교가 교과목 수업의 일환으로서 현장과 박물관을 차례로 견학하는 현장체험학습의 대상지가 되는 경우도 적지 않다. 현장박물관은 인근 현장에서 출토되었거나 수습·

채집한 실물자료를 주요 전시품으로 활용하고 있으므로 박물관 견학자의 입장에서 보면 전시관람 자체가 체험학습인 셈이다. 더욱이 박물관에서 강좌 형태로 진행하는 그림교실, 음식문화교실, 악기교실, 노래교실, 실험교실, 과학교실, 연극교실 등 다양한 체험프로그램은 박물관을 체험학습, 체험교육을 위한 시설로 만들기도 한다.

현장박물관 중에는 답사안내프로그램을 운영하는 곳이 적지않다. 역사유적 인근에 위치한 역사박물관은 문화유산해설사가 정해진 시간에 정해진 코스대로 신청자들을 인솔하며 안내하는 답사프로그램을 운영하고, 자연 숲·늪지 인근의 생태박물관은 숲 해설사가 생태환경을 설명하는 답사프로그램을 운영한다. 수강신청자의 대다수는 평일에 단체이용자, 주말에 가족이용자가 많은 편이다. 아직은 안내자 또는 해설사가 처음부터 끝까지 인솔하며 일방적으로 정보를 전달하고 수강자는 수용하는 방식이 보편적이지만, 자기주도적으로 답사하는 프로그램을 적극적으로 개발, 운영해야 한다. 그러려면 관련정보를 상세히 담은 안내물과 교구를 적절한 곳에 비치하고, 모형과 사진들을 전시하는 등 답사 전 오리엔테이션과 현장답사코스 및 진행절차에 대한 세심한 준비작업이 필요하다.

현장박물관의 답사프로그램은 일종의 학습형 관광에 해당하므로 지역주민의 참여, 연계가 중요하다. 문화유산·자연유산·관광지 등을 답사하는 사람에게 지역주민의 설명은 해설안내판이나 기타 어떤 해설매체보다 만족도를 높여준다. 지역주민이 일정한 교육·훈련을 거쳐 현장해설사가 된다면, 지역주민에게 일정 부분 혜택이 될 뿐 아니라 현장을 보존하고 관리하는 데에도 큰 도움이 될 수 있다. 다만, 좋은 해설인력은 단기간에 양성하기 어렵고 상당한 시일이 소요되는 만큼 체계적인 준비기간이 필요하다.

문화유산의 경우, 단체방문객과 고령방문객은 해설사의 안내·설명 프로그램을 많이 이용하지만, 가족방문객 또는 어린이가 포함된 방문객은 해설사의 안내보다 체험교육 프로그램 참여를 선호하는 경향이 있다. 그래서인지 한국의 국공립박물관에서는 최근 어른 1명이 초등학생 5~8명을 인솔하며 전시내용을 교육하는 단체관람객을 흔히 볼 수 있다. 특히 봄·가을 학기 주말과 방학기간에 많은데, 인솔자를 흔히 체험학습교사 또는 현장체험학습교사라고 부른다. 이들 체험학습교사는 수강생들이 학교 교과과정을 통해 얻은 지식과 정보를 박물관과 유적지 등의 현장에서 직접 체험할 수 있도록 지도하며, 대다수는 회사 또는 단체에 소속되어 있다. 이들이 수강생으로부터 수강료를 받고 박물관 시설 내에서 강의하므로 현재 관람료를 내지 않

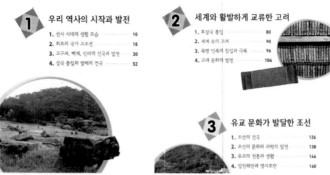

초등학교 5학년 2학기 사회교과서의 차례(교육부 2015년도 발행) ㅣ 선사시대부터 조선시대 전쟁(임진왜란·병자호란)까지를 다루고 있다.

는 국공립박물관의 경우에는 시설 무료이용이 부당하다는 의견도 있으나, 다른 이용자들을 불편하게 만들거나 공용시설을 무단 독점하지 않는다면 오히려 박물관의 설립 목적을 잘 활용하는 것이라고 볼 수 있다. 다만, 체험학습교사가 전시 내용과 의미를 수강생에게 잘못 전달하지 않도록 박물관이 관련정보를 충분히 공개하고 평소 교육방향 등에 대해 미리 소통해둘 필요가 있다.

한국사회도 주말을 가족과 함께 보내는 사람들이 점점 늘고 있다. 자연스럽게 박물관에도 가족이 참여하는 체험교실 프로

학생들의 단체관람 ㅣ 박물관 단체관람은 일차적으로 교과학습 연계프로그램이지만, 아직 사회규범과 교양을 다 체득하지 못한 학생들이 공중도덕과 관람 예절을 배우고 생각하는 시간이기도 하다.

그램이 생겨 인기를 얻고 있다. 부모와 아이가 서로 학예사 역할을 바꿔가며 전시내용을 안내·설명하는 해설프로그램, 가족이 함께 역사유적 또는 숲·늪지를 답사하는 탐방프로그램, 가족이 정해진 장소에서 역할극·퀴즈경연을 하거나 자연을 관찰하며 하룻밤을 보내는 캠핑프로그램 등 다양한 방식으로 진행하는데, 박물관이 가족의 소중한 추억을 만들어주는 역할을 하는 것이다.

(4) 학교연계교육

학교와 박물관의 관계는 일반적으로 학교가 박물관을 교과과정에 활용하는 형태로 나타난다. 2009년에 개정한 사회과 교육과정과 2014년부터 시행한 초등학교 검인정 사회 교과서는 한국의 초등학교가 가르쳐야 할 몇 가지 기준을 제시하고 있다.

3학년 사회시간에는 자기 고장의 지리적·사회적 특징, 교통 및 통신 수단, 도시환경 변화, 지명과 지역교류, 의식주 생활의 변화상, 문화 다양성 등을 가르친다. 4학년 사회시간에는 촌락의 유형과 특징, 도시 개발과 사회문제, 민주주의와 주민 자치, 바람직한 경제생활, 사회변화와 평등·인권, 지역문제 해결과 주민참여 등을 다룬다. 그리하여 초등학교 3~4학년에는 다음과 같은 학습 내용을 편성하고 있다. ①우리가 살아가는 곳,

②이동과 소통하기, ③사람들이 모이는 곳, ④달라지는 생활 모습, ⑤우리 지역과 다른 지역, ⑥도시의 발달과 주민 생활, ⑦촌락의 형성과 주민 생활, ⑧경제생활과 바람직한 선택, ⑨다양한 삶의 모습들, ⑩민주주의와 주민 자치, ⑪지역사회의 발전, ⑫사회변화와 우리 생활.

5학년 사회시간에는 국토의 특징과 환경, 경제 성장과 발전, 사회문제와 문화발전, 한국의 선사시대와 고대 역사, 고려시대의 사회와 문화, 조선 건국과 유교문화·전쟁 등을 다룬다. 6학년 사회시간에는 조선시대 사회와 문화, 근대국가 수립과 민족운동, 대한민국 발전과 미래평화, 한국의 정치제도와 민주주의, 이웃 나라의 환경과 국제교류, 세계의 자연과 문화, 세계화와 우리 역할 등을 다룬다. 초등학교 5~6학년에는 <지리·일반사회 영역>에서 ①살기 좋은 우리 국토, ②우리 경제의 성장, ③환경과 조화를 이루는 국토, ④우리나라의 민주 정치, ⑤우리 이웃 나라의 환경과 생활 모습, ⑥우리 사회의 과제와 문화의 발전, ⑦세계 여러 나라의 환경과 생활 모습, ⑧정보화, 세계화 속의 우리 등을 편성하고, <역사 영역>에서 ①우리 역사의 시작과 발전, ②세계와 활발하게 교류한 고려, ③유교 문화가 발달한 조선, ④조선사회의 새로운 움직임, ⑤근대국가 수립을 위한 노력과 민족운동, ⑥대한민국의 발전과 오늘의 우리 등을 편성하고 있다.

이러한 교육내용은 모두 한국 또는 외국의 박물관과 매우 관련 깊어서 필수적이라고 해도 좋을 정도로 박물관 연계 교육을 자연스럽게 유도한다. 초등학교 6학년 2학기 사회과 교과서는 아예 유럽의 대영박물관과 루브르박물관을 직접 사진과 함께 소개할 정도로 박물관과의 연계성이 높다.

그래서 초등학교 교사들의 인솔하에 학생들이 박물관을 단체 관람한 뒤 『사회과탐구』 교재가 제시한 문제를 풀이하는 등 아예 탐구생활 수업을 박물관에서 진행하는 경우도 있다. 역사현장에 관한 다양한 자료와 실물자료를 함께 접하면서 수업하는 방식이므로 일종의 체험학습인 셈인데, 교육 효용성을 높이려면 시설이용 사전예약, 수업방식 협의 등 학교(교사)와 박물관(학예사)의 사전협의·협조가 긴요하다. 학교의 교과과정과 연계한 현장학습으로서의 박물관 견학은 중학교·고등학교에서도 종종 시행하지만, 그 수는 현저히 줄어들어 문제이다.

박물관의 교원연수프로그램 운영도 학교와 박물관의 연계교육 가운데 하나라고 할 수 있다. 교원연수프로그램은 지역 교육청이 초·중등학교 교사의 직무능력 향상을 위해 운영하는 연수프로그램으로서 학교의 여름방학과 겨울방학 기간에 맞춰 대학·연구소·박물관 등 교육관련 전문기관에 위탁해서 운영하는데, 박물관에서 연수를 받은 교사는 수업 중 그 박물관의 전시내용 등을 소개하거나 학생들의 단체관람을 기획하는 경우가 많으므로, 박물관의 참여율이 매우 높다. 교육청은 수강한 교사들의 강의만족도를 기준으로 연수프로그램의 효용성을 평가하고 결과에 따라 다음 해의 프로그램 운영 허가 여부를 결정한다.

(5) 찾아가는 박물관

박물관교육에 참여하려는 이용자가 박물관을 찾아가는 것이 아니라 오히려 박물관이 이용자를 찾아가서 교육하는 방문형 교육프로그램은 박물관교육의 진화를 상징한다. 최근 박물관들이 저마다 운영하는 이른바 '찾아가는 박물관'은 수강생들이 평소 생활하는 곳에 박물관의 학예사 및 교육담당직원이 전시내용과 관련한 각종 교구를 차량에 싣고 가서 해설·교육하는 방식이므로 박물관을 오가기 쉽지 않은 곳에 위치한 유치원, 초등학교, 경로당 등의 어린이·노약자가 박물관의 교육서비스를 체험할 수 있는 일종의 교육복지에 해당한다. 차량에 박물관자료를 싣고 가거나 태풍·지진 등의 재난환경을 체험할 수 있는 시설을 갖춰 놓기도 한다.

찾아가는 박물관 프로그램은 박물관이 딱딱하고 근엄한 곳이라는 이미지를 벗고 누구에게나 열린 곳이며 일상생활과 연결된 곳이라는 메시지를 수강생에게 준다. 그리하여 수강생이 다음번에는 직접 박물관을 찾도록 박물관의 문턱을 낮추는 역할을 한다. 다만, 박물관자료를 직접 관람하기 어렵거나 제한적이라는 단점이 있으며 교육장소의 여건에 따라 교육주제도 제한될 수 있다. 그리고 박물관 교육실에서 진행하는 프로그램에 비해 시설차량을 갖추어야 하고 교육담당직원이 더 필요하며, 차량이동 등 교육준비시간이 더 소요되고 교구 수명이 짧아진다는 점을 감수해야 한다. 다양한 교구를 사용할 수 없고, 교육내용을 전시물 관람과 바로 연계할 수 없다는 것도 단점이다. 찾아가는 박물관 프로그램이 교육복지에 기여하는 면이 큰 것은 사실이지만, 박물관교육의 보조적인 수단이라는 점을 먼저 인정해야 한다.

(6) 특수교육

특수교육은 신체적, 정신적, 사회적 발달 장애를 지닌 사람에게 개별적으로 적합한 교육과정 및 교육서비스를 제공하는 교육방식이다. 한국에서 2007년에 처음 제정된 현행 「장애인 등에 대한 특수교육법」은 시각장애, 청각장애, 지적장애, 지체장애, 정서·행동장애, 자폐성장애, 의사소통장애, 학습장애, 건강

장애, 발달지체 등을 주요 특수교육 대상자로 지정하고 있다. 2014년을 기준으로 한국의 등록장애인은 약 250만명으로서, 시각장애인 약 25만명, 청각장애인 27만명, 지적장애인 약 18만명, 지체장애인 약 130만명, 정서장애인 약 9만명, 행동장애인 약 25만명, 자폐성장애인 약 2만명 등이다.

특수교육은 장애의 특성에 맞춰 각각 특별한 방법으로 운영해야 한다. 교육과 치료·훈련을 병행하는 경우도 많다. 교육목표는 대개 특수아동의 생존·발달·교육·노동 권리 보장 및 실현, 일반교육과의 완전통합 등이다. 이에 박물관은 시각장애인을 위해 음성전시안내시스템 구축, 만질 수 있는 전시물 연출, 촉각도록 간행 등을 추진하고, 청각장애인을 위해 영상물의 자막 및 수어手語 삽입을 적극적으로 추진해야 한다. 지체장애인을 위해서는 박물관 시설에 계단과 같은 물리적 장애물 및 심리적 장애물을 없애는 이른바 배리어 프리barrier-free를 실현하고, 지적장애인을 위해서는 전문 교육강사와 자원봉사자 지원 시스템을 구축해야 한다.

특수아동을 대상으로 한 박물관교육은 개인보다 기관이나 학교의 학급단체 단위로 이루어지는 경우가 많다. 단체 인원은 대개 2명~10명 정도이기 때문에 박물관은 소수인원에 맞춘 교육프로그램을 준비해야 한다. 특히 특수아동은 개성이 각자 뚜렷하게 달리 표현되는 경우도 많아서 매번 같은 교육 내용과 방법을 적용하기 어렵다. 그러므로 박물관 교육담당자는 교구 등 모든 교육준비를 처음부터 새로이 준비한다는 마음가짐으로 접근해야 한다. 각 아동의 신체 조건에 따라서 필요한 교구가 다르므로 기성제품을 구입하기 어렵고 자체 제작해야 하는 경우가 많다.

3) 자료관리

박물관 규모가 커질수록 박물관의 존재 이유 및 가치에서 유물관리 또는 자료관리가 차지하는 비중이 높아진다. 한국에서 예전에는 박물관 소장품을 보통 유물이라고 불렀으나 최근에는 박물관이 고고·미술계 문화유산뿐 아니라 사진·영상·그림·포스터·그래픽디자인·서적·공산품 등 미래에 전달할 가치가 있는 근현대 문화유산 및 아카이브까지 포함해 관리하게 되면서 자료라는 명칭을 더 많이 사용한다.

박물관이 소장한 자료의 양과 질은 그 박물관이 지닌 인력, 시설, 예산, 관리시스템, 미래비전 등 많은 부분을 가늠하게 한다. 가령 러시아의 예르미타지박물관은 300만점을 소장하고 있으며 그중 3%정도를 전시 등에 활용하고 있는 것으로 알려지는데, 이것만으로도 우리는 예르미타지박물관과 러시아의 유구한 역사, 문화적 소양, 관리능력, 미래 잠재력 등 많은 부분을 긍정적으로 평가하게 된다. 또, 20세기 전반기에 소련이 공업경제를 추진하면서 예르미타지박물관 등이 소장했던 미술품과 서적들을 미국의 부호에게 팔았고, 그것이 오늘날 워싱턴D.C의 미술관과 국회도서관에 소장되어 있다는 사실을 통해 미국의 국력과 문화 역량을 더욱 긍정적으로 평가하게 된다.

(1) 수장고 운영

박물관의 수장고는 박물관자료를 보관하는 금고 또는 창고이다. 좁은 의미로는 박물관자료를 보관하는 금고모양 창고 또는 창고모양 금고를 가리키지만, 넓은 의미로는 그곳을 출입하기 위한 복도, 준비실, 촬영실, 자료정리실, 훈증소독실, 하역장 등 금고·창고에 딸린 시설공간을 모두 포함한다. 수장공간은 평소 허가받은 내부직원들만 출입하는 곳이므로 대개 박물관의 가장 안쪽에 위치한다. 특히 한국에서는 전쟁 등에 대비해 지하 수장고를 선호하는 경향이 있다. 그래서 그동안 대형 화물트럭이 드나드는 하역장을 비롯해 수장관련시설을 모두 박물관 뒤쪽 지하공간에 배치하는 경향이 있었는데, 최근 보존과학시설과 통

수장고 입구 ㅣ 수장고는 일종의 대형 금고이므로 잠금장치가 복잡한 특급 보안시설이다. 열쇠 꾸러미는 반드시 특정한 직원이 관리자에게 보고하고 열쇠출납장부에 기입한 뒤 이용할 수 있으며, 출입구에는 CCTV 외에도 출입자들이 직접 서명하는 장부를 비치해서 안전을 도모한다.

합운영하는 수장고, 전시기능을 겸한 개방형 수장고 등 다양한 형태의 수장시설이 각광을 받으면서 수장고의 위치선정에도 변화가 일고 있다.

수장고가 건물 지하에 위치하면 연중 계절변화 및 일교차가 심한 한반도의 자연환경 특성을 감안할 때 온도 변화가 지상에 비해 상대적으로 적고 박물관 건물에 화재 또는 외부충격이 발생해도 상대적으로 더 안전하다는 장점이 있다. 도난에 대비하기도 쉽다. 그러나 토목공사 및 방습설비를 추가해야 하므로 초

수장대와 유물 격납 ┃ 수장고에서의 격납 방법은 유물의 종류와 재질에 따라 크게 달라지므로 공간 구분이 원칙이며, 화재·지진·전쟁 등의 비상사태에 대비하기 위해 격납장·수장대의 높이 및 간격을 조절한다.

기 건립비용이 높아지고 건물 구조에 따라서는 홍수 등의 수해에 취약하다는 단점이 있다. 건축설계할 때 수장고 상부에는 화장실 등의 배관배수시설을 배치하지 않는 것이 원칙이다.

박물관 수장고는 박물관자료를 영구히 보존할 수 있어야 한다. 무엇보다 지진·화재·수해 등 각종 재해로부터 박물관자료를 안전하게 지킬 수 있도록 건물에 방진·방재 설계를 적용해야 하며, 반드시 단열·방화·방수 기능을 갖추어야 한다. 그래서 수장고는 대개 이중벽 구조로 만든다. 외벽과 내벽 사이에는 50cm 정도의 공기층을 안배하고 차수막·단열재 등을 시공하며, 내벽에는 습기 침투를 막기 위해 불투습패널을 시공한 뒤 나무와 석고보드, 조습패널 등으로 마감한다. 천장과 바닥도 마감재와 콘크리트 사이에 여유공간을 두는데, 보통 천장은 1.5~2m정도, 바닥은 30cm정도 띄운다. 천장에 여유공간을 특별히 많이 두는 이유는 온습도 조절용 공조설비를 설치하고 점검·관리를 위해 종종 사람이 드나들어야 하기 때문이다.

수장고에 보관하는 박물관자료는 재질이 다양하다. 습도 30~50%를 유지해야 하는 금속류, 습도 50~60%를 유지해야 하는 서화·전적·직물류와 목기·골각기류, 습도 60~70%를 유지해야 하는 칠기류, 습도 40~60%가 적정한 도기·토기·석재·옥·유리류 등으로 나눌 수 있는데, 저마다 적정 온도·습도·조도가 다르므로 서로 다른 공간에 두고 관리하는 것이 좋다. 그래서 소장품이 다양한 박물관은 수장고를 여러 공간으로 나누거나 적정 습도·온도·조도를 유지할 수 있는 특수설비를 갖추게 된다. 수장고의 조명기구로는 자외선을 차단하는 퇴색방지용 등기구를 사용한다.

<수장고 · 전시실의 적정 온 · 습도>

공간	재질	온도℃	습도%	권장조도(LUX)
수장공간	금속류	20±2	45±5	300 이하
	토도기,토제류,석재,유리,옥류	20±2	50±5	300 이하
	서화,전적류,직물류	20±2	55±5	100 이하
	목기류,골각류	20±2	55±5	150 이하
	칠기류	20±2	65±5	150 이하
전시공간	금속,도토기,석재,유리,옥류	22±4	50±10	300 이하
	목기,칠기,골각류	22±4	55±5	150 이하
	서화,전적,직물류	22±4	55±5	서화·직물류 50 이하, 전적류 100 이하

박물관 수장고에는 가급적 계단을 설치하지 않는다. 중층구조가 불가피한 곳에서는 계단과 자료운송용 승강기를 함께 설치한다. 수장고 출입구에는 전실을 만들어 공간 안팎의 온습도 차이를 줄이고 미생물 침입을 방지한다. 출입구 문 높이는 3m, 폭은 2m 이상으로 만들어 크고 무거운 자료를 옮길 때 운송장비가 드나들 수 있게 하며, 출입문에는 사람이 한명씩 출입할 수 있는 크기로 쪽문을 만들어둔다.

박물관자료를 수장고에 격납하는 절차는 대개 하역장→자료정리실(임시수장고)→훈증소독→임시수장고→사진촬영실→재질

별수장고 순으로 이루어진다. 그러므로 이 절차를 염두에 두고 공간을 배치하는 것이 바람직하다. 임시수장고 옆에는 자료관리 담당자들이 사용하는 작업실 공간을 별도로 마련해두는 게 보통이다. 수장공간 출입구에는 실내화 정리대 및 소지품 보관대를 설치해둔다. 입구 바닥에는 먼지흡착패드를 깔아두어 신발에 묻은 오염물질이 수장고로 들어가는 것을 차단한다.

요즘의 박물관 건물은 모두 콘크리트 건물이므로 이른바 시멘트 독성(알카리성 가스)으로부터 자유로울 수 없다. 더욱이 내장목재에 사용된 포름알데히드와 방염·방부제, 철판에 사용된 페인트 등 각종 환경오염물질 때문에 박물관 자료 및 직원이 피해를 입을 수 있다. 이 때문에 건물을 지은 뒤 최소 2년간의 건조 기간을 거친 다음 자료를 반입하기도 한다.

<시멘트 독성이 공기 및 박물관자료에 미치는 영향>

오염물질		이산화질소(NO₂)	이산화황 (SO₂)	포름알데히드
영향		면, 양모, 토도류에 영향. 특히 섬유질 염료에 유해.	공기중 수분과 반응해 황산으로 변화. 종이, 면, 토도류, 염료, 금속류, 석회석에 유해.	접착제로부터 파생. 악취와 문화유산 전반에 유해.
환경 허용 기준	수장고	10μg/㎥ 5.2ppb	10μg/㎥ 3.8ppb	0.10ppm
	전시공간	0.05ppm /2h	0.12ppm	0.05ppm
	실내 공기질	0.05ppm	0.05ppm	0.10ppm

오염물질		오존(O3)	이산화탄소 (CO2)	황화수소 (H2S)	칼슘(Ca), 마그네슘(Mg)
영향		강력한 산화물로 모든 유기물(회화, 직물,고문서,피혁), 금속류에 유해.	공기 중의 SO₂와 반응하여 유리 표면을 덮음.	은·동제품 부식 작용.	시멘트 수분 건조시 칼슘·마그네슘 입자와 암모니아가스 방출. 염료변·퇴색 및 청동제 균열·부식 등.
환경 허용 기준	수장고	2μg/㎥ 1.02ppb	1,000ppm	1μg/㎥ 0.71ppb	최소 2년간 건조
	전시 공간	0.03ppm	920ppm		
	실내 공기질	0.06ppm	1,000ppm		

* 수장고 환경기준: Canadian Conservation Institute 기준
* 전시공간: 국내외 실내 공기환경 허용기준 적용
* 실내공기질: 다중이용시설 등의 실내공기질 관리법 기준

<국립중앙박물관 보존환경 및 유물대여 환경 기준>(국립중앙박물관 규정)

공간 및 재질		온도℃/습도%	이산화질소 (NO2)	이산화황 (SO2)
수장 공간	금속류	20±4 / 30~50	5.3ppb 이하	3.8ppb 이하
	토도, 석재, 옥, 유리류	20±4 / 40~60		
	서화, 전적, 직물류. 목기, 골각기류	20±4 / 50~60		
	칠기류	20±4 / 60~70		
전시 공간	금속, 토도류	20±4 / 40~60	53ppb 이하	38ppb 이하
	서화, 목기, 칠기, 골각기류	20±4 / 50~60		

　　현대 박물관의 수장고는 각종 기계·전자 설비로 이루어진 곳이다. 온도·습도·공기를 조절하는 공조시스템은 물론 전기·소화·방재·보안 시스템이 천장, 벽, 출입문 등에 얽혀 숨어있다. 그래서 수장고는 자료관리 담당자 및 보존과학 담당자의 작업영역이면서 동시에 기계·전기·건축·통신·보안분야 기술전문가들의 관리영역이기도 하다. 그래서 어느 한 부분이라도 이상한 현상이 발생하면 즉각 전문기술자들이 점검해야 하며, 문제가 없더라도 정기적으로 시설을 점검해야 한다.

　　수장고는 정기적으로 전 영역을 소독 방역한다. 건물 안팎에서 서식하는 각종 해충과 곰팡이, 세균 등을 제거하여 자료가 생물 피해를 입지 않도록 예방하는 것이다. 박물관자료를 훼손

포름알데히드	이산화탄소 (CO2)	일산화탄소 (CO)	미세 먼지 (PM10)
0.10 ppm 이하	1,000ppm 이하	10ppm 이하	150μg/m³이하

하는 주요 해충으로는 좀·바퀴·흰개미·메뚜기·다듬이벌레·딱정벌레·벌·파리·나비 목目 곤충을 들 수 있다. 이들의 유충이나 성충이 각종 재질의 박물관자료를 훼손하므로 이들이 박물관 수장고로 들어오지 못하게 예방하거나 수장고로 들어온 해충을 빨리 발견해서 박멸 대처해야 한다. 그래서 박물관은 대개 계절별로 해충 모니터링을 실시한 다음 소독 시기와 방식을 결정하는데, 벌레와 균이 많이 발생하는 여름과 초가을에 소독 방역하는 것이 일반적이다.

박물관에서 주로 쓰는 소독방법은 약물소독과 증기소독이다. 예전 20세기에는 나프탈렌, 파라디클로로벤젠, DDT 등 발암성 화학약제를 사용하거나 메틸브로마이드·메틸아이오다이드·에

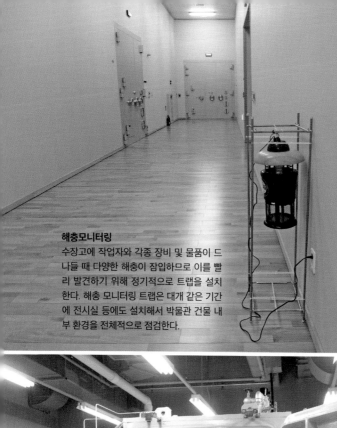

해충모니터링
수장고에 작업자와 각종 장비 및 물품이 드나들 때 다양한 해충이 잠입하므로 이를 빨리 발견하기 위해 정기적으로 트랩을 설치한다. 해충 모니터링 트랩은 대개 같은 기간에 전시실 등에도 설치해서 박물관 건물 내부 환경을 전체적으로 점검한다.

훈증소독 Ⅰ 자료 출납이 잦은 박물관은 수장고에 훈증고를 비치해서 수시로 훈증작업을 진행하기도 한다. 훈증소독은 전적·고문서·그림과 같은 종이류, 옷을 비롯한 직물류, 가구를 비롯한 목기류 등에 많이 사용한다.

틸렌옥사이드·설푸릴플루오라이드 같은 훈증가스를 사용해 소독 방역하기도 했다. 이러한 소독방법은 비소·염화수은 등의 독극물을 이용한 것으로서 살충 효과는 높지만 오존층(O_3)을 파괴하는 등 환경문제를 일으키고 약제의 독성이 자료와 그 주변에 오래 남아 박물관 직원의 건강을 위협하는 문제가 지속적으로 보고되었다. 그래서 요즘은 저산소농도법·이산화탄소법·저온처리법 등 화학약제를 사용하지 않는 생물방제법과 종합적유해생물관리IPM에 따른 소독방법이 널리 보급되고 있다.

현재 박물관자료를 가장 안전하게 소독하는 방법은 훈증가스를 이용하는 것이다. 훈증은 자료를 전혀 훼손하지 않고 곤충이든 곰팡이든 자료에 기생하는 모든 생물을 박멸하는 것이 장점이다. 그러나 소독효과가 일시적이며 소독 직후에 곧바로 생물 피해를 입거나 오염될 수 있으므로 격리보관, 추가소독 등 지속적인 관리가 필요하다. 이에 소독 효과를 극대화하기 위해 박물관자료뿐 아니라 수장고 전체, 박물관 전체를 훈증하는 경우도 있는데, 대개 2~3일 또는 일주일간 출입을 통제하고 건축물 벽체·바닥 및 시설에 침투한 약제를 모두 배출한 뒤 출입한다.

박물관 수장고를 출입하는 사람, 수장고에서 일하는 사람은 복장이 간편하고 단정해야 한다. 긴 치마, 나풀거리는 치마를 입으면 자신도 모르는 사이에 자료 또는 자료거치대를 옷으로

건드릴 수 있으므로 가급적 바지를 입는다. 상의는 소매가 좁은 옷이 좋다. 소매가 넓은 옷을 입었다면 작업용 토시를 착용한다. 목걸이, 넥타이, 팔찌, 반지, 손목시계 등 자료에 닿을 수 있는 물건은 수장고에서 착용하지 않는다. 웃옷 호주머니에는 어떤 물건도 넣어두지 않는다. 머리카락이 길다면 단정하게 묶어야 한다. 손톱은 늘 짧은 상태를 유지하고 매니큐어를 사용하지 않는다. 얼굴에는 파우더, 아이섀도, 립스틱 등의 색조화장을 하지 않는다. 자신도 모르는 사이에 손의 땀, 화장품의 기름 등이 박물관자료에 닿아 영향을 줄 수 있기 때문이다.

수장고에 드나드는 사람은 누구든 기록으로 남긴다. 수장고에는 원칙적으로 2명이 함께 들어가는데, 수장고 관리 담당자가 출입문 열쇠 사용 시간을 적는 열쇠출납부와 수장고에 들어갔던 사람들의 이름, 들어간 이유, 머문 시간 등을 적는 수장고 출입대장을 비치하고 반드시 정확하게 적어둔다.

(2) 자료등록관리

박물관자료가 훈증소독을 거쳐 처음 수장고에 들어오면 임시 수장고에 머물며 대기한다. 그동안 자료관리 담당자는 자료를 재질별로 구분하고 목록을 만든다. 목록에는 자료번호를 기입하는데, 구입, 기증, 위임, 위탁 등 확보사유에 따라 코드가 달라진다. 구입한 자료는 PPurchase, 기증받은 자료는 DDonation, 위임·위탁 자료는 기관 또는 개인의 이름 약자를 적어놓는 식이다. 한국의 박물관은 대개 국립중앙박물관이 구축한 문화유산 표준관리시스템에 따라 박물관별 고유 코드와 자료 분류 코드 및 고유번호를 부여하며, 정리할 자료가 많은 경우에는 임시번호를 부여하기도 한다. 번호는 한 자료에 한 번호가 원칙이다.

번호가 정해지면 이를 자료에 직접 적어놓는다. 이른바 마킹작업이다. 자료의 재질과 모양에 따라 번호를 적는 물질의 재료와 기입 위치가 달라진다. 토기·도기·자기류 및 석기·유리류는 바닥 또는 굽 안쪽에 수성물감 붓글씨, 그림·책·고문서류는 마지막 장 왼쪽 아래에 연필 글씨, 복식·목재류는 실·연필·꼬리표 사용 등 자료 특성에 따라 마킹방법이 달라지는데, 기입 위치에 일관성이 있어야 한다.

마킹작업이 끝나면, 한국 사람의 주민등록초본에 해당하는 자료카드를 만든다. 자료카드에는 번호, 이름, 수량, 국적, 시대, 재질, 크기, 입수일, 입수사유, 입수처, 가격, 출토지, 특징 등을 적고 사진을 첨부하는데, 빠르게 적는 것보다 정확하게 적는 것이 더 중요해서 인력과 시간이 많이 소요된다. 마킹작업을 하면서 관찰한 자료의 특징과 상태를 적어두고, 필요하다면 첨부한 사진에 표시를 해놓는다. 전문가들이 참여해서 평가한 적이 있는 자료라면, 평가회의에서 한 전문가의 의견을 요약 녹취해서 적어둔다. 그리고 자료카드만 읽더라도 자료를 직접 꺼내보지 않고 자료의 특징과 현재 상태를 알 수 있도록 작성하는 것이 좋다.

사람이 주민등록증이나 여권을 만들 때 사진을 찍는 것처럼, 박물관 수장고에 처음 들어온 자료도 사진을 찍는다. 자료관리를 위한 기록사진이므로 멋지게 보이는 것보다 자료의 특징과 현재 상태를 정확하게 나타내는 것이 중요하다. 그래서 모든 사진이 고화질일 필요는 없다. 특별히 관리가 필요한 자료 또는 필요한 부분만 고화질 사진을 찍어둔다. 자료가 부분적으로 훼손되어 있다면 훼손된 부분 위주로 사진을 찍는다. 자료가 입체물이라면 앞·뒤·위·아래를 모두 찍어둔다. 서로 분리되는 자료는 합체한 사진과 개별 사진까지 찍어두고, 화첩이나 병풍은 낱장 사진까지 찍어둔다.

등록작업이 끝나면 자료를 내부 수장고에 재질, 번호에 따라 보관한다. 격납한 자료는 앞으로 그 자리에서 계속 그 상태를 유지해야 하므로 특별히 보호해야 하는 자료는 중성지·솜포·에어캡 등으로 감싸 오동나무 상자에 넣고 보관하는데, 상자 겉면에는 자료 사진과 번호·이름·수량 등을 간단히 적은 표찰을 붙여둔다. 개별포장이 필요하지 않은 것은 수장대에 자료끼리 부

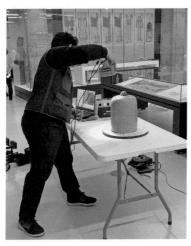

유물 3D스캔작업 ㅣ 최근에는 소장품의 디지털DB를 구축하거나 3D·4D 실감영상을 제작하기 위해 3D스캔작업을 많이 진행하는데, 주로 토기·도자기류를 비롯해 입체감이 두드러진 섬세한 유물이 작업대상이다.(문화재청의 지원으로 등록문화재(보물)를 3D스캔하는 모습)

딪치지 않도록 떼어 놓는다. 자료는 절대 포개놓지 않으며, 평평하게 안정된 상태를 유지하도록 안배한다.

자료 포장방법은 자료의 재질에 따라 달라진다. 석재를 다룰 때는 작업자 손에 묻은 기름때나 먼지가 자료에 닿지 않도록 항상 면장갑을 끼고 작업한다. 포장·이동할 때는 바닥에 깔개·받침대를 사용하고 균형을 계속 유지할 수 있도록 원래 자세를 바꾸지 않는다. 보관상자를 사용할 때는 상자 안쪽을 면 또는 폴리에틸렌 폼으로 감싸 나무나 금속에 닿지 않게 한다.

오래된 금속자료는 매우 예민한 자료이므로 특별히 주의해야 한다. 작업자는 면장갑 또는 라텍스장갑을 끼고 자료를 다루어

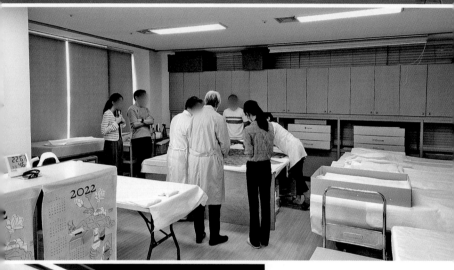

출토복식 보존처리 ㅣ 무덤에서 출토된 복식은 오랫동안 밀폐된 공간에서 물에 젖은 상태로 천천히 훼손되다가 갑자기 바깥 공기에 노출된 것이므로 훼손 속도가 매우 빨라지게 된다. 그래서 안전한 환경에서 물기, 세균, 악취 등을 제거하는 안정화 작업이 필수적인데, 시간이 많이 필요하다.(무덤에서 출토된 직후의 복식들과 보존처리 작업을 끝낸 복식들)

야 하며, 가늘고 긴 금속자료는 반드시 두 손으로 잡는다. 바닥에 중성지를 깔고 종이로 감싼 뒤 솜 위에 올려놓거나 폴리에틸렌 상자에 넣어둔다. 금속자료는 보존처리한 뒤에도 부식이 진행되는 경우가 많으므로 평소에는 특수용도 진공밀폐장에 보관하고 다른 곳으로 옮길 때는 진공포장한 뒤 운송하는 것이 좋다.

목재와 직물도 예민한 자료이다. 목재는 수축과 부패를 막고 해충·곰팡이가 기생하지 못하게 관리하는 일이 중요하며, 변색되거나 먼지가 쌓이지 않도록 면으로 덮어 놓는다. 특히 칠기는 비단·면으로 감싸서 오동나무 상자에 넣고 암실에 보관하기도 한다. 직물은 자연광뿐 아니라 인공조명에도 변색될 수 있으므로 조도를 크게 낮춘 상태로 보관·전시해야 한다. 보관하기 전에 먼저 땀·얼룩 등 오염물질을 제거하고, 곰팡이가 번식하지 않도록 조습제와 함께 밀폐용기에 넣고 서늘한 곳에 보관한다. 자료는 가급적 접거나 포개지 않으며 보관장은 넉넉한 크기를 사용한다. 자료 표시는 연필로 번호를 기재한 중성지 꼬리표를 면실로 직물자료에 헐겁게 고정시키는 방법을 쓴다.

그림은 오동나무 상자에 반듯하게 편 상태로 보관하는 것이 좋다. 족자는 별도의 종이상자 또는 나무상자에 넣어 보관하는데, 물감이 오염되는 것을 막기 위해 중성지를 끼우기도 한다.

병풍은 두 사람이 윗부분을 잡고 가운데부터 펼쳐나가며 접을 때에는 반대로 접어 들어간다. 병풍은 나무상자나 천으로 씌워 보관하는데, 옻칠한 나무상자는 습기와 곰팡이를 방지하는 데 유리하다. 액자는 유리와 그림이 붙으면 곰팡이 결로가 생길 수 있으므로 유리와 그림을 너무 밀착시키지 않도록 신경 쓴다. 액자를 벽에 걸 때는 뒷면에 나무를 덧대어 공기가 순환되게끔 안배한다.

등록 내용은 사진과 함께 문화유산표준관리시스템에 입력한다. 이를 통해 박물관 내부의 전시·교육 담당자가 자료를 자유로이 활용할 수 있게 된다. 또한 자료등록에 참여한 사람, 등록일자, 참고자료 등도 입력해 둔다. 자료를 전시에 활용하거나 훈증, 보존처리 등을 한 뒤에는 반드시 그 내용을 문화유산표준관리시스템에 추가 기록해둔다.

박물관에서 자료를 다루는 사람은 모름지기 신중하게 처신해야 한다. 한번 실수하면 돌이킬 수 없는 일임을 자각하고 매사 자신의 임의판단보다는 규정과 매뉴얼을 우선시해야 한다. 수장고에 격납한 자료는 모두 가치 있는 것이기 때문에 가치와 중요도를 따지며 자료를 다루지 않는다. 자료를 취급하기 전 자료관리 책임자는 동료들에게 작업 방법과 목표를 명확하게 설명한 다음 지시하고, 자료를 옮기는 순간에는 한 사람이 지시하고 모두 그 결정에 따라야 한다. 지시자의 결정이 위험한 방법이라고 생각되면 즉시 이의를 제기하되 옮기는 순간에는 따로 행동하지 않는다. 지시자가 이의를 받아들이지 않고 위험한 방법을 고수한다고 생각되면 자료의 안전을 위해 작업을 거부할 수 있다. 수장고에서는 작업자 지위의 높고 낮음과 관계없이 규정과 원칙이 가장 중요하다.

(3) 보존처리

보존처리란 문화유산의 물질적 구조와 재질을 밝혀내고 붕괴·노화 등의 변화를 연구해서 훼손을 방지하거나 체계적으로 수리하고 복원하는 일이다. 보존처리 전문가는 기본적으로 과학자이며 특수한 미적 감각의 예술가이기도 하다. 자연과학의 기반 위에서 문화유산의 보존·복원·수리를 진행하므로 최근에는 보존과학이라는 말을 더 많이 쓴다.

모든 문화유산이 보존처리 대상인 것은 아니다. 따라서 수리나 보존처리를 하기 전에 충분한 과학적 진단이 필요한데, 가장 기본적인 육안검사 외에 X선이나 α선 투과사진검사는 겉으로 보이지 않는 내부의 빈공간이나 구성 재질의 차이를 나타낸다든지 지워진 옛 필적 등을 검출하는 데 효과적이며, 현미경 검사, 미량정성 분석, 분광 분석, 방사화 분석 등 화학적 분석 방법은 재질 특성을 파악하는 데 매우 효과적이다.

이처럼 유물을 분석하거나 수리·복원할 때 다양한 과학장비와 약품을 효율적으로 사용해야 하므로 보존처리는 작업시간과 비용이 많이 드는 일이다. 그래서 보존처리 담당자, 곧 보존과학자가 일하는 박물관은 규모가 크고 소장품이 많은 대형박물관이다. 국가 또는 지역 단위별로 문화유산을 체계적, 종합적으로 관리하기 위해 별도의 보존과학센터를 두기도 한다. 한국에서는 고고 유적을 전문적으로 발굴 조사하는 기관이 보존처리실과 기본 장비를 두도록 감독하는 규정이 있어 발굴조사기관쪽에 오히려 보존과학자들이 더 많은 편이다.

박물관에서 보존처리는 대개 금속, 도기·자기·토기, 목재, 종이, 직물, 석재 등의 분야로 나뉘는데, 장비와 작업방식이 서로 다르며 매우 전문적이다. 가령, 금속 유물은 그 환경과 재질에 따라 손상 범위와 정도가 달라진다. 땅속에 묻혀있었을 때보다 오히려 발굴 출토된 뒤 환경 변화 및 대기 중의 부식 인자 영향으로 급격히 손상될 수 있는 것이다. 그래서 추가 손상을 방지하거나 유물 원형을 복원하면서 그 재료 및 가공방식을 밝혀내는 데 치중한다.

도기·자기·토기·기와·벽돌류 및 유리류 공예품은 대개 물리적, 화학적 손상이 많으므로 유물을 오랜 기간 안정적으로 보존

관리 하기 위해 보존재료의 안정성과 본래의 형태 유지에 중점을 두고 보존처리하고 있으며, 고대 토기처럼 고고학적 자료 가치가 우선하는 경우에는 원래 모양과 복원한 부분을 일부러 구별하도록 처리한다. 또한, 흙벽이나 회벽에 글씨·그림 등을 새기거나 그린 벽화의 경우에는 현미경 검사, 적외선 촬영 등으로 현상을 정확히 파악한 뒤 벽체와 함께 세척·보강·강화하는 작업을 수행한다.

목재는 목공예품이나 건축물 재료로 쓰인 건조 고목재와 오랜 기간 우물·연못·저수지 등 저습한 환경에 묻혀있다가 출토된 수침 고목재로 구분한다. 건조 고목재는 벌레나 균에 의한 생물학적 피해, 자외선 등에 의한 화화적 변화, 인위적 손상 등에 따른 보존처리 작업을 수행하고, 수침 고목재는 물로 거의 치환된 세포 내강이 공기 중에 노출됨으로써 발생하는 손상을 막기 위해 치수 안정화 작업을 수행한다.

종이류는 전적, 회화, 고문서 등으로 분류하는데, 유기질 재료의 특성상 환경에 매우 민감하므로 제작 기법 및 재질에 대한 과학적 분석 내용을 바탕으로 현 상태를 유지할 수 있는 최소한의 보존처리를 실시하고 최적의 보존환경을 조성하는 것이 보통이다.

출토복식을 비롯한 직물류는 손상되기 매우 쉬운 예민한 재질이므로 화학적 변화나 좀·균 등의 공격을 받아 더 이상 손상되지 않도록 치료하며 유지하는 상태안정화를 위주로 작업한다. 작업 과정에서는 현미경 검사를 비롯한 과학적 분석을 통해 직물의 재료·조직, 염색 종류와 방법, 무늬·문양·바느질 등 다양한 정보를 파악한다.

석재는 박물관 야외전시물에서 풍화·균열·박리·박락 등의 형태로 많이 손상되는데, 표면의 이물질 제거 및 다양한 화학 재료 및 기술로 접합·충전·강화하는 방법을 사용한다.

보존과학자는 기본적으로 보존처리 과정을 글, 그림, 사진, 영상 등으로 기록하고, 필요한 경우에는 복사·복제본을 만들어둔다. 보존처리는 대개 작업시간과 비용이 매우 많이 발생하므로 박물관 운영진은 특별히 인내심을 갖고 행정적으로 뒷받침해주어야 한다.

4) 조사연구

박물관은 기본적으로 무언가를 보여주고 교육하는 교육문화 시설이지만, 그 내용이 근거를 가진 객관적 사실임을 스스로 확신하고 학술적으로 증명해 인정받은 상태에서 전시·교육하는 것을 원칙으로 삼는다. 그래서 부지런히 근거자료, 참고자료를 조사하고 수집하고 관리하며 분석·연구하는데, 그 과정이 탄탄하고 폭이 넓을수록 박물관의 신뢰도·인지도와 자율·자립성이 높아지며, 반대로 부실할수록 학예역량이 낮아지고 소극적·방어적 운영으로 외부 의존도가 높아진다.

박물관에서의 조사·연구는 고고유적에 대한 발굴조사, 민족·풍습·언어에 대한 민속조사, 동식물·광물에 대한 자연생태조사, 현대 기록물자료(아카이브)와 연계한 사회문화조사 등 다양한 목적과 방식으로 이루어진다. 조사연구는 일차적으로 소장품 정보를 풍부하게 만들어서 전시·교육의 질을 높인다는 게 장점이다. 그보다 더 큰 장점은 학술정보를 중심으로 국내외 전문가 네트워크를 형성·유지·발전시키고 온·오프라인 정보서비스를 통해 박물관자료의 가치를 널리 공유한다는 것이다. 그리하여 박물관의 조사연구 기능은 순수 공익성 정보를 지속적으로 생성하고 널리 공유해 문화 지평을 넓힘으로써 사회 발전에 이바지하는 데 있다.

그런데 요즘 한국의 박물관들은 조사연구 기능이 급속히 퇴화하는 경향이 있다. 국립박물관들이 특히 그렇고, 공립박물관들도 앞다투어 조사연구 기능을 줄여가는 중이다. 이유는 한결같이 인력·예산 부족에 따른 경영합리화, 그리고 다른 분야 조

발굴조사 현장 견학 | 유적 발굴조사는 연구 목적으로 진행하는 학술발굴, 산업·경제 개발 지역에서 진행하는 구제발굴 등 다양한 이유와 목적에서 이루어지는데, 지금까지는 전문가들의 작업공간으로만 여겼으나 최근에는 발굴 현장을 교육장으로 활용하는 사례가 늘고 있다.(서울 몽촌토성 바깥에서 발견된 고대 사람과 소의 발자국들. 한성백제박물관 2016)

발굴조사 현장 단체관람 | 유적 발굴조사는 작업기간이 매우 제한적이고 물리적 작업량이 많은 데다 사고 및 유구 훼손 위험이 있으므로 외부인 출입을 엄격히 제한하는 게 일반적이다. 그러나 많은 사람이 유적·유물을 찾아내고 해석하는 방법에 대해 알고 싶어 하므로 기간을 정해 발굴현장을 공개 해설하기도 한다.(서울 몽촌토성 내부의 도로 및 주거지, 한성백제박물관 2019)

사연구기관과의 역할 분담이라고 한다. 박물관은 전시, 교육, 유물관리 등 중점 기능에 집중하고 발굴조사 등 조사연구 기능은 다른 전문기관들이 담당하는 편이 효율적이며 합리적이라는 인식이다. 과연 그럴까?

박물관은 학예사들이 주요 사업을 기획하고 추진한다. 그 학예사들은 저마다 전문분야가 있는데, 대학 및 대학원의 전공분야를 기준으로 역사박물관 계열에서는 주로 역사학·고고학·미술사학·민속학·인류학·건축학·의상학·문학·예술학·보존과학 전공자가 많고, 자연사박물관과 과학관에서는 생물학·지질학·화학·물리학·공학 진공자가 많다. 그리고 농업박물관에는 농학과 생물학, 음악관련 박물관에는 음악학, 체육관련 박물관에는 체육학, 음식관련 박물관에는 식품영양학 등 저마다의 전문분야 전공자들이 많은 편이다. 그래야 국내외 학계의 연구성과를 제때 적절하게 입수해서 전시·교육 자료로 삼을 수 있고 정체성에 알맞은 소장품을 조사·수집·정리·활용할 수 있으며, 반대로 여러 가지 경로와 방식으로 확보한 자료를 적절한 시기에 적절한 방법으로 학계와 대중에게 공개하고 함께 검토·논의함으로써 학문 발전, 기술 발전, 사회 발전에 이바지할 수 있는 것이다.

박물관의 학예 역량은 박물관 설립 목적에 맞춰 학계 및 관련

어린이들의 발굴현장 답사 | 유적 부근에 사는 사람들은 그 유적의 역사적 의미와 가치를 매우 궁금해하므로 발굴조사기관은 정기적으로 조사성과를 주민들에게 보고해야 할 의무가 있다. 교사의 지도하에 발굴현장을 찾은 초등학생들.(서울 석촌동고분군의 적석총 조사현장, 한성백제박물관 2019)

전문분야의 현황과 연구성과를 신속·정확·안정적으로 확보하는 일에서부터 시작한다. 그리고 박물관 정체성을 강화하며 존재가치를 높일 수 있는 소장품 수집·정리, 시의적절하며 유익한 전시·교육 등으로 이어지며 종합적인 운영 상승효과를 거두게 되는 것이다. 따라서 조사연구 기능이 약해진 박물관은 효율적인 선순환 고리를 잃어버렸기에 소장품 관리 및 전시·교육분야에서도 큰 성과를 거두기 어렵다.

역사박물관의 유적발굴조사는 여러 방면의 효과를 진작시키지만 특히 교육 활용 효과가 매우 탁월해서 연중 체험교육의 성지가 될 수 있다. 발굴조사기간 중 정해진 시간에 발굴현장을 일반 시민에게 공개해 직접 방문하게 한다든지 출토유물을 현장에서 다양한 방법으로 경험하게 함으로써 문화유산의 특징 및 가치에 대한 시민의 관심과 이해를 증폭시키고 교육 효과를 더욱 크게 거둘 수 있는 것이다.

그러나 한국의 국공립박물관들은 점점 조사연구를 할 수 없는 방향으로 내몰리고 있다. 인력·예산이 적기 때문만은 아니다. 박물관 학예사의 전문성을 무시하고 공무원 채용시험 특유의 객관식 필기시험이 공정성의 지표인 양 정착하게 되면서 해당 전공분야의 현장경험이 전혀 없고 조사연구 역량도 부족한 직원들이 기하급수적으로 늘고 있으며, 이에 따라 박물관 내부의 전문성이 이미 크게 약화하고 있기 때문이다. 이는 모두 행정 편의적으로 학예인력을 수급하려는 행정당국과 박물관 정체성에 따라 중장기 발전계획 수립 및 인력확보에 적극적으로 나서지 않는 박물관 경영자들의 책임이라고 할 수 있다.

* 에피소드 : 박물관에서 일할 때 신경 쓰면 복 받는 말들

- 인맥은 단지 거들 뿐이다. 인맥을 쌓되, 인맥으로만 일을 처리하려 해선 안 된다.
- 시간 안배를 잘해야 한다. 협의할 일이 있으면 점심, 저녁 등 식사시간을 적절히 이용하라. 특히 업무시간에 개인 일을 처리한다는 인상을 주지 말라.
- 회의를 소집하려면 전달할 내용을 전날 또는 일주일 전에 미리 메모해둔다. 동료의 시간을 아껴주어라.
- 함께 일할 사람을 고를 때에는 편한 사람보다 나보다 잘할 사람을 골라야 한다. 나이, 성별은 고려 대상이 아니다.
- 선택의 갈림길에서는 어려운 쪽을 택하라. 미운 짓 하는 사람을 밀어내는 것은 쉬운 길이고, 그 사람을 손잡고 품어주는 것은 어려운 길이다.
- 지시한 대로 일이 풀리지 않은 때에는 사람부터 보지 말고

구조적 문제부터 살펴라.

- 사람을 평가할 때는 말보다 행적을 살펴라. 말로는 모든 사람을 속일 수 있어도 행적으로는 속이기 어렵다.

- 긍정적인 언어습관이 중요하다. 남의 장점을 크게 보고 장점만 말하라. 내 주변에는 반드시 내가 배울만한 사람이 있다.

- 다수가 모인 자리에서 결코 할 수 없는 말이라면 2명만 있을 때도 말하지 않는 편이 좋다.

- 남의 일도 내 일처럼 해야 한다. 일은 습관이 중요하다.

- 공동작업에서는 스트레스 관리가 중요하다. 일 잘하는 사람은 티 안내고 일한다.

- 옹졸함을 경계하라. 옹졸하면, 적게 배운 사람은 자신을 망치고 많이 배운 사람은 국가와 사회를 망친다.

- 질투심을 경계하라. 농담으로도 샘내지 말라. 작은 조직일수록, 공조직일수록 협동이 매우 중요하다.

- 지나간 일에 대한 불만은 최대한 늦춰 말하라. 분을 삭이고 말해야 말의 효력이 커진다.

- 꿈을 버리지 말라. 꿈은 소망 성취의 열쇠이다. (조직에도 꿈이 필요하다)

- 매뉴얼을 준수하라. 매뉴얼이 없으면 만들어라. 늪에 튼튼한 도로를 만드는 일이므로 보람을 느끼게 될 것이다.

- 전문가를 대할 때는 지시가 아니라 상의해야 한다. 전시업체는 전문가 집단이다.
- 글쓰기는 쉽고 유익하게 쓰려 노력하라. 도록과 패널은 디자인보다 내용이 중요하다. 글 쓸 때는 국립국어원의 지침을 유념하라.
- 도록과 패널의 글을 작성할 때는 공동작업이 좋다. 자료를 정리하고 글 쓰고 검토하는 사람은 적어도 3명이 필요하다.
- 대통령도 박물관에 오면 듣는 입장이다. 박물관에서는 사회적 지위를 따지지 말라. 전시실에서는 만인이 평등하다.
- 전시해설사를 하늘처럼 받들라. 사람 가르치는 일보다 귀한 일 없고, 자원봉사보다 귀한 마음 없다.

<사진자료 도움>

지환수, 박윤선, 정재윤, 최희승.

<참고문헌>

이난영,『박물관학』, 삼화출판사, 2008.

이내옥,『박물관학 개론』, 김영사, 2002.

한국박물관 100년사편찬위원회,『한국 박물관 100년사』, 2009.

일본전시학회(안용식 역),『전시학사전』, 책보출판사, 2009.

최석영,『한국박물관 100년 역사 진단과 대안』, 민속원, 2008.

리아넌 메이슨·앨리스터 로빈슨·엠마 코필드(오영찬 역),『한권으로 읽는 박
        물관학』, 사회평론아카데미, 2020.

박준·정동재,『사회갈등지수와 갈등비용 추정』, 한국행정연구원, 2018.

김미숙·김기현·김진석,『2013년 아동종합실태조사 심층분석 연구-아동 삶
        의 질을 중심으로-』, 한국아동복지학회, 2015.

리차드 J. 번스타인(김선욱 역),『한나 아렌트와 유대인 문제』, 아모르문디,
        2009.

김기섭,『박물관이란 무엇인가?』, 주류성, 2017.

구지윤,「19세기 말 영국의 박물관과 제국주의 : 박물관 협회와『뮤지엄 저
        널』을 중심으로」,『영국연구』47, 영국연구회, 2022.

권의신,「박물관의 식민주의적 혐의-빅토리아기 영국 사우스켄싱턴 박물관

을 중심으로-」, 『역사와 세계』33, 효원사학회, 2008.

나애리, 「프랑스 박물관의 과거와 미래」, 『한국프랑스문화학회 학술발표논문집』, 한국프랑스문화학회, 2019.

하세봉, 「20세기초 동아시아 박물관과 역사적 지식의 조형」, 『동북아문화연구』28, 동북아시아문화학회, 2011.

하세봉, 「대만 박물관과 전시의 정치학-3대 박물관을 중심으로-」, 『중국근현대사연구』45, 중국근현대사학회, 2010.

이난영, 「미술사와 박물관학」, 『미술사학』6, 한국미술사교육학회, 1992.

김홍남, 「미술사와 미술관」, 『미술사학』6, 한국미술사교육학회, 1992.

뤼즈민(呂濟民), 「중국박물관의 현황과 과제」, 『제2회 박물관학 학술대회 발표요지』, 한국박물관협회, 1999.

김호걸, 「중국의 박물관과 역사교육」, 『역사와 역사교육』14, 웅진사학회, 2007.

전형준, 「능력주의의 함정-능력주의의 본질과 폐해에 관한 비판적 고찰-」, 『열린정신 인문학연구』23, 원광대학교 인문학연구소, 2022.

박효민, 「능력주의 한계와 선택가능한 불평등」, 『현상과 인식』46-1, 한국인문사회과학회, 2022.

김미영, 「능력주의에 대한 공동체주의의 해체: 능력·공과·필요의 복합평등론」, 『경제와 사회』84, 비판사회학회, 2009.

황선재, 「경제적 불평등 인식 추이 및 원인 분석, 2016~2020」, 『한국사회학』57-3, 한국사회학회, 2023.

황선재·계봉오, 「경제적 불평등 인식에 대한 경험적 연구: 한국 사례와 함의」, 『한국인구학』41-4, 한국인구학회, 2018.

김성아, 「불평등, 지표로 보는 10년」, 『보건복지 ISSUE&FOCUS』409, 한국보건사회연구원, 2021.

신진욱, 「불평등과 한국 민주주의의 질: 2000년대 여론의 추이와 선거정치」, 『한국사회정책』22-3, 한국사회정책학회, 2015.

조성원, 「소득 불평등과 범죄율 간의 공적분 관계 분석」, 『치안정책연구』36-2, 치안정책연구소, 2022.

이희정, 「청년층은 소득불평등을 어떻게 바라보고 있는가?: 사회계층 인식과 능력주의 인식을 중심으로」, 『한국사회학』56-2, 한국사회학회, 2022.

김성욱, 「한국 사회 불평등과 격차해소를 위한 정책 제안 연구」, 『사회와 복지』4-1, 중앙사회복지연구회, 2022.

전희정·강승엽, 「지역간 건강 불평등의 공간적 분포: 지역 사망률을 통한 탐색적 연구」, 『국토계획』56-5, 대한국토·도시계획학회, 2021.

박종훈, 「지역 불평등에 대한 공간 연구: 인구와 소득요인을 중심으로」, 『2022년 추계 공동학술대회』, 한국지역개발학회, 2022.

정영호·고숙자, 「사회갈등지수 국제비교 및 경제성장에 미치는 영향」, 『보건복지포럼』, 2015.

김명환, 「우리는 왜 갈등을 전환하여야 하는가?: 갈등전화의 필요성과 유용성」, 『한국공공관리학보』31-3, 한국공공관리학회, 2017.

서문기, 「한국의 사회갈등 구조 연구-갈등해결 시스템을 모색하며-」, 『한국사회학』38-6, 한국사회학회, 2004.

천명주, 「한나 아렌트의 '사유하는 시민'과 도덕교육적 방법」, 『윤리교육연구』28, 한국윤리교육학회, 2012.

황보식, 「질성적 앎의 교육적 가치에 관한 연구-주입식 교육의 대안방안 연구-」, 『대한정치학회보』28-3, 대한정치학회, 2020.

김누리, 「아도르노의 교육담론」, 『독일언어문학』78, 한국독일언어문학회, 2017.

오창현, 「미국의 사회 통합 방식 변화와 공공 박물관의 역할 변화-스미소니언 박물관과 민속 축제를 중심으로-」, 『지방사와 지방문화』20-2, 역사문화학회, 2017.